בחזרה לחיים

שרי מנדל

בחזרה לחיים

ביצד לקום, לגדול ולצמוח מתוך משבר

מאנגלית: סמדר אביב

מגיד

Sherri Mandell

The Road to Resilience:
From Chaos to Celebration

שרי מנדל

בחזרה לחיים: כיצד לקום, לגדול ולצמוח מתוך משבר

עורך אחראי: ראובן ציגלר
עורכת ראשית: אוריה מבורך
עורכת משנה: אפרת גרוס
עריכה לשונית: אלעד פייט
הגהה: אביחי גמדני
עימוד: רינה בן גל
עיצוב עטיפה: שמואל לעסרי

ספרי מגיד, הוצאת קורן
ת״ד 4044 ירושלים 9104001
טל׳: 02-6330530 פקס: 02-6330534

office@korenpub.com
www.korenpub.co.il

ISBN 978-965-526-158-5 מסת״ב

Printed in Israel 2024 נדפס בישראל

לזכרם האהוב של הורינו היקרים

הארי וסליה גולדשטיין
פלויד וסליה ברג

אנחנו מודים לקב״ה על שאפשר לנו לתמוך בספר זה.

אנחנו מוקירים תודה לאנשים הרבים שהשפיעו על חיינו לטובה, ובמיוחד לרב ישראל וחנה אלטע מנגל, מנהלי המרכז היהודי של חב״ד בסינסינטי, אוהיו. במשך שלושים וארבע שנות היכרותנו הם עזרו לנו להבין מי אנו כבני אדם, ומי אנו כיהודים. הם הכירו לנו אין־ספור אנשים שהשפיעו על חיינו, ובהם את שרי מנדל.

יהי רצון שהספר הזה יעניק לקוראים שפע של ריפוי וחוסן.

קרן משפחת גולדשטיין

Dedicated by the Goldstein Family Foundation
In loving memory of our dear parents

Harry and Celia Goldstein
Floyd and Celia Berg

With thanks to Hashem for making this possible

We give recognition to the many people who have had a positive influence on our lives, with special recognition to Rabbi Yisroel and Chana Mangel, executive directors of Chabad Jewish Center in Cincinnati, Ohio. Throughout our thirty-four-year relationship, they have enlightened us as to who we are as people and as Jews. They have acquainted us with countless people who have had a profound influence on our lives, including Sherri Mandell.

Our fervent prayer is that you, the reader, receive an abundance of healing and resilience from this book.

Eddie and Arlene Goldstein

לבעלי ולילדיי
זכיתי להתברך בכם

על הספר

לאחר טבח השבעה באוקטובר ובעיצומה של מלחמה מתמשכת, כולנו צמאים לתקווה ומחפשים את מפתחות החוסן. כשקראתי את הספר, הבנתי שההגדרות החדשות, השלבים הרוחניים והכלים המעשיים המפורטים כאן, נחוצים מתמיד במסע הצמיחה וההחלמה - האישי והקולקטיבי - המצפה לנו. שרי מנדל מדריכה אותנו בדרך שאינה התגברות אלא התהוות, לא חזרה לרגיל אלא השגת תחושה מועצמת של החיים, של מעורבות והתרחבות. "בצר הרחבת לי".

הרבנית רחלי שפרכר פרנקל

שרי מנדל בחסדי ליבה השבור משתפת אותנו בתהליך שעברו היא ובני משפחתה, ממצב של חורבן, תוהו ושכול לצמיחה וחיים. ברגישות, בכנות ובהישענות על מקורות רבים היא מלמדת אותנו מהו חוסן של ממש. בימים אלו, כשעם שלם מתמודד עם שכול ואובדן ונע בין ייאוש לתקווה, התובנות המרפאות והדוגמה האישית מעניקות לקוראים כוחות, תקווה ואמונה, ומסמנות את הדרך כיצד ניתן לבחור בחיים.

הרב דוב זינגר

שרי מנדל הוציאה מתחת ידיה ספר מרתק מאין כמותו, ספר שניחן בכנות לא מתפשרת, המתעמת עם הכאב והאובדן, ומביא הגדרה פורצת דרך למושג חוסן. קריאתה לנצל את האבל שכולנו חווים בהכרח בחיינו, כקרש קפיצה לצמיחה אישית, תמשיך להדהד עוד זמן רב אחרי שנהפוך את הדף האחרון. ניכר במחברת שחוותה בעצמה את כל שבעת הצעדים הרוחניים שהיא מלמדת, ועובדה זו מוסיפה ישירות וחריפות לספר שהוא מתנה מעולה לכל קורא וקוראת. יצירה שהיא שיר הלל לחיים.

ד"ר אביבה וייסבורד

בחזרה לחיים הוא ספר מרגש וגם מעשי מאוד. בכתיבה מלאה חן, יופי, שירה והומור מפתיע, משתפת אותנו שרי מנדל במה שלמדה מתוך סבלה – איך הופכים את הטרגדיות של החיים לשיר. זהו ספר נפלא ומלא השראה, מרגש ועשיר בתובנות, רוחני ומעשי. ברגע שסיימתי לקרוא בו התחשק לי לחזור ולקרוא בו שוב.

טוד סאלובי

תוכן העניינים

שלושה דרכים פתוחות בפני האדם הכואב. מדרגה אחת – בכי. מדרגה מעליה – דממה. במדרגה העליונה – הפיכת הכאב לשירה.

רבי מנחם מנדל מקוצק

ישנו סיפור, והוא תמיד מקדים אותך, כמעט שאינו קיים. רק מעט־מעט תתחבר אליו ותחוש אותו. תגלה את הקונכיה שתכיל את דמותך ותבחן את כוחה. בדרך זו תמצא את שביל חייך.

מייקל אונדאטיה

היכן נמצא הקב"ה?
הקב"ה נמצא היכן שנותנים לו להיכנס.

רבי מנחם מנדל מקוצק

פתח דבר

בעקבות מאורעות שבעה באוקטובר 2023

לכם, הקוראים,

את הספר הזה חיברתי באנגלית שנים לפני השבעה באוקטובר. ובכל זאת, אני מאמינה שהתובנות שנרקמו בין דפיו נחוצות היום יותר מתמיד. הן עשויות לסייע לחשוב מחדש על משבר, טראומה ואובדן.

את סיפור הכאב וההחלמה אני מכירה מקרוב. בני הבכור, קובי, נרצח בידי מחבלים ב־2001, בעיצומה של האינתיפאדה השנייה. הוא היה בן 13 כשהחליט יום אחד להבריז מבית הספר עם חברו, יוסף איש־רן. השניים יצאו לטייל בוואדי הסמוך לביתנו. הם לא שבו.

אחרי הרצח של קובי נשברתי לרסיסים. לא האמנתי שאוכל אי פעם לשוב לחיים. בזכות התמיכה העצומה של משפחתי וחבריי, מצאתי בסופו של דבר את הכוח להתמקצע כמלווה רוחנית. כיום

אני מלווה אימהות שכולות, אלמנות וילדים יתומים דרך הקרן שהקמנו – קרן קובי מנדל.

כעשרה חודשים לאחר השבעה באוקטובר ערכנו ריטריט לנשים שהתאלמנו באותו יום נורא. אמרתי להן כך:

> אני יודעת שתצלחו את זה, כי אתן פה. אתן מוכנות לקבל עזרה. אתן מבינות שתשובו לחיים, אבל שתהיו אחרות, ושהחיים שלכן יהיו שונים. במובן מסוים יהיו אלו חיים של אמת עמוקה יותר. כשמישהו נפטר אנחנו אומרים "ברוך דיין האמת". לאחר טראומה אדם ניצב מול אמת החיים הצרופה – איננו בשליטה על המציאות, כולנו בני חלוף, ואין ביכולתנו לתקן את המוות, להשיב את יקירינו, או לחזור לחיים שהיו קודם.
>
> משבר, טראומה ואבל מגרשים אותנו מהעולם המוכר. כלי הנפש שלנו, האני שלנו, מתנפץ. כדי להירפא, עלינו ליצור ישות חדשה המסוגלת להכיל את השברים שלנו ובה בעת לעצב שלמות מחודשת. זהו תהליך של התמרה.

ייתכן שמה שנכון לגבי האדם הפרטי, נכון גם לגבי האומה שלנו. איינשטיין אמר שאי אפשר לפתור בעיה מתוך אותה רמת תודעה שיצרה אותה. ואני חושבת שהדבר נכון גם כשמדובר באבל, וב'אומה שכולה'. חוסן אין פירושו

להישאר כשהיינו או לחזור למי שהיינו. חוסן משמעו למצוא דרך חדשה לחיות ולצמוח. אנחנו רוכשים תבונה. אנחנו שבים לחיים, אבל אלו חיים שונים ויקרים יותר, חיים עתירי משמעות ואפילו שמחה.

כאב, כך למדתי, הוא כוח. אפשר להפנות אותו נגד עצמנו, או לחלופין ליצור ממנו. מה שיכול היה לרסק אותי עשוי להפוך אותי לאדם גדול יותר, טוב יותר ורחום יותר. מה שיכול לפורר את האומה שלנו, עשוי גם לבנות ולרומם אותנו כעם.

אבל התמורה הזו, של כאב לכוח, לא תמיד תתרחש מעצמה. כדי להחלים ממשבר, טראומה ואובדן כמות האהבה שאנחנו מקבלים חייבת לגבור על עוצמת הכאב. חפשו אנשים מלאי חמלה ואהבה, והיו רכים כלפי עצמכם. אני מקווה שתראו בספר זה חלק מהאהבה והחמלה שלהן אתם ראְויים.

הקדמה

העם היהודי הוא מומחה גדול לחוסן. לכל אורך ההיסטוריה שלנו ידענו מעשי טבח, פוגרומים, אינקוויזיציה, מלחמות. ידענו את החורבן הלא־ייאמן של השואה, את האינתיפאדה הראשונה והשנייה בישראל, את המלחמה עם חמאס בעזה – ואף על פי כן אנחנו מחזיקים מעמד; לא מאבדים את כבודנו, ואף עושים חיל – לא רק כאומה אלא גם כפרטים. למעשה, על פי סקר בין־לאומי שנערך לא מכבר, הישראלים מדורגים בין האנשים המאושרים בעולם.

ויטקה קובנר לחמה בתנועת ההתנגדות באירופה בימי השואה לצד בעלה, המשורר הגדול אבא קובנר. היא סיפרה לי שאחרי מלחמת העולם השנייה היא, בעלה וחבריהם ששרדו את המלחמה, שקלו לחזור לאירופה ולנקום באמצעות הרעלת מקורות המים ופעולות חבלה אחרות, אבל הם ידעו שחשוב יותר להתמקד בבניין ארץ ישראל ולא בנקמה.

אני יכולה להעיד על כוחה של היהדות וכוחו של העם היהודי לתמוך בתקופות קשות ולחזק. בני קובי היה בן 13 כשהוא וחברו,

יוסף איש־רן, התחמקו מהלימודים ויצאו לטייל במערת חריטון, סמוך לביתנו. שניהם נרצחו בידי מחבלים פלסטיניים ב־8 במאי 2001 – הם נתפסו במערה ונסקלו למוות באבנים. קובי היה בני הבכור. הוא היה ילד מבריק ויפה תואר.

מאז אנו חווים סבל נורא, אבל בזכות עזרתם של רבים הצלחנו לא רק לשרוד אלא גם לפרוח. הקמנו את קרן קובי מנדל, שתוכנית הדגל שלה היא מחנה קיץ טיפולי לילדים שחוו שכול. יותר מששת אלפים ילדים בילו במחנה קובי ב־14 השנים האחרונות, לרבות ילדינו שלנו, שהיו חניכים במחנה ואחר כך הדריכו בו. הקרן מפעילה גם תוכניות רבות אחרות, ובהן פסיכודרמה, קרמיקה, יוגה וסדנאות ריפוי רוחני לאימהות שכולות. אני כתבתי ספר בשם **חסדי הלב השבור**, שראה אור, זכה בפרסים, תורגם לשלוש שפות ועובד למחזה. ארגנתי גם קבוצת אימהות ישראליות שכולות שעלתה לכנסת לדבר נגד שחרור אסירים פלסטינים. בעלי ואני הופענו בהרצאות ברחבי העולם. מותו של קובי הניע אותנו להפוך למנהיגים. במהלך הזה, מאבלים לאקטיביסטים, למדנו בעלי ואני את אומנות החוסן היהודי.

ספר זה נועד לעזור לאנשים לגלות את החוסן הפנימי שלהם בימי צער ומשבר. אומנם הוא מתמקד בשכול, אבל יוכל לעזור לכל מי שחווה טראומה – תקופה של גירושים קשים, התמודדות

עם מחלה או טיפול בילד עם נכות. הניסיון שחוויתי, העובדה שב־13 השנים האחרונות התאמצתי ופעלתי לפתח חוסן, עמלתי, יגעתי והזזתי הרים וגבעות כדי להיחלץ מבור הייאוש והעצב, כל אלו מאפשרים לי לעזור לכם. קראתי ספרות מקצועית נרחבת, שוחחתי עם מומחים ואף הקדשתי שנים אחרי מותו של קובי ללמוד להיות מלווה רוחנית, כי רציתי להבין כיצד לעזור לעצמי, למשפחתי ולאחרים להחלים מהסבל. פגשתי מאות אנשים שחוו שכול – אימהות ואבות, אחים ואחיות, וכן ילדים שאיבדו את הוריהם. עבדתי עם חולי סרטן בבתי חולים ועם משפחות שיקיריהן נפצעו בתאונות דרכים או חלו במחלות קשות ונותרו במצב של צמח. בפגישות ובהדרכה הייתי עדה לסיפורים מרתקים של כוח, של יכולת ושל חוסן.

רבים תופסים את המושג חוסן בצורה שגויה. המילה האנגלית לחוסן, resilience, נגזרת מהמילה הלטינית resilire, שפירושה לקפוץ בחזרה. במילים אחרות, לחזור למי שהיית, להתאושש. המילה העברית 'חוסן' נושאת משמעות נוספת – חיסון, כלומר, החוסן גם מחזק אותנו ועוטף אותנו במעטה בלתי חדיר. אלא שהתפיסה היהודית של החוסן אין פירושה אי־חדירות, וגם לא התאוששות וחזרה למה שהיינו לפני האסון.

השתתפתי בסמינרים על חוסן, שבהם דיברו פסיכולוגים על מאפיינים אישיים המקדמים את פיתוח החוסן – אופטימיות

ריאליסטית, חשיבה גמישה וסקרנית, רגשות אמפתיים ונטייה לפתרון בעיות. הם מדברים על הלוך רוח של חוסן, על היכולת להתגבר על הרעה.

אבל בהגות היהודית חוסן אינו נתפס כגישה אלא כתהליך. אין מדובר רק על יכולת עמידה, על כושר התמדה, על כוח סבל או על היכולת להחזיק מעמד ולהישאר חזקים ואיתנים. הפילוסופיה היהודית מלמדת אותנו שחוסן אין פירושו להתגבר, אלא **להיות משהו אחר**. להיות יותר, להגיע אל העצמי המלא והעמוק ביותר שלנו בעקבות הפורענות. איננו נחלצים מהרעה, אלא מתבוננים ומעצבים מחדש. איננו מדלגים מעל הצרות כאילו אינן קיימות, אלא מניחים להן ללמד אותנו. **אנחנו חווים חוסן כאשר האתגרים העומדים בפנינו אינם מצמצמים אלא מרחיבים אותנו, כשהעמידה אל מול הפורענות גורמת לנו להשתנות, לצמוח, לגדול**. זאת ועוד, החוסן מזמן לנו אפשרות להעמיק את יחסינו עם השמימי, הנשגב.

כשתקראו את הספר הזה תלמדו לדעת שהאבל, התהליך הפעיל של ההתמודדות עם הקושי, והתמרת החסך, האבל והצער על האובדן, יכולים להניע ולשאת אתכם לחיים משמעותיים יותר, ואפילו מרוממים. דווקא הדבר המכאיב ביותר יכול להפוך לאמצעי מרפא. "אֶבֶן מָאֲסוּ הַבּוֹנִים הָיְתָה לְרֹאשׁ פִּנָּה", נאמר בתהילים (קיח, כב). האבן היא העם היהודי, שפעם אחר פעם

ידע הוקעה, התעללות והשפלה, אבל מה שמאיים לערער אותנו – לנפץ ולהרוס – עשוי לשמש לנו בסיס להעמקת החוכמה, ההערכה והשמחה, להיות לאבן הפינה של חיינו. הפסיכולוגים מכנים את התהליך הזה צמיחה פוסט־טראומטית.

הספר שלפנינו הוא ספר לימוד בסיסי על החוסן הרוחני היהודי, על הצעדים שעלינו לעשות כדי לעמוד אל מול הסבל ולצמוח. בדרכנו לשם נידרש לעבור את שבעת השלבים הרוחניים של החוסן: כאוס, קהילה, בחירה, יצירתיות, זכירה, הקדשה וחגיגה.

השלבים הללו אינם מובחנים בבירור ולא כולנו נחווה את כולם בסדר שבו הם מופיעים בספר זה. הגדרת השלבים היא הנחיה ולא תכתיב, מסגרת של צמיחה מתוך הקושי. מתוך המאמץ לפתח חוסן נדע כולנו עליות ומורדות. נתמודד מחדש ללא הרף עם הניסיון לפתח חוסן, נלמד מחדש את התהליך הזה, שלא ייפסק לאורך כל חיינו.

עם הכניסה אל תוך הכאוס והיצירה מתוך הכאב נגלה שהספק, הכאב והשבר יעצבו את דמותנו ויקנו לנו חמלה רבה יותר, חיים בהקשר רחב יותר. נגלה בתוכנו עצמי אותנטי יותר, היוצר קשרים עמוקים יותר עם אחרים. תהליך ההחלמה עשוי אפילו לרומם ולהניע אותנו לעבר יחסים אינטימיים יותר עם האין־סוף ועם הנצח, השמות המתארים את אלוהים.

תודות

ספר זה לא היה יכול להיכתב ללא תמיכתם ואהבתם של רבים. תודה לכם, האנשים הקרובים למשפחתנו, ובייחוד לוואלרי סיידנר, רוחי קולנברג, שירה צ'רנוביל, גילה ומנחם ויינברג, רות מייסון ובוב טרכטנברג, אן סיהם ורפאל רודרמן, ארי ורחל אקרמן, ג'יין וג'ון מדבד, ג'ויס וראובן טרדבורקס ובועז קולומבוס.

תודה לכל המתנדבים בעמותת קובי מנדל. המילה 'התנדבות' איננה מספיקה כדי לתאר את האהבה, הנדיבות והכישרונות שלכם – תודה לציפי סידר, זהבה גילמור, שרון וינברג, הדסה קופר, תניה נפה, יעל עמיאל, נינה מולר, ולכל המדריכים והצוות במחנה קובי ויוסף. תודה לבורד של עמותת קובי מנדל – בעבר ובהווה, המסירות שלכם והחזון שלכם מאפשרים לנו להמשיך את משימתנו מצילת החיים.

תודה לצוות המסור של העמותה. אתם עוזרים לרפא את שבורי הלב בכל יום. תודה לאבי ליברמן ודינה וג'רמי וימפהיימר על Comedy For Koby, לטוד סלובי על עיבוד ובימוי המחזה 'חסדי הלב השבור'.

אהבה והכרת הטוב לבעלי – השותף והמורה שלי להחלמה ולחוסן, ולגבי ופליאה, אליענה ואברהם ברונר, ולדניאל מנדל – בורכתי בכם. לנכדיי האהובים, אתם ממלאים את חיי בשמחה.

תודה לעזרא איש־רן ולרינה איש־רן, אחות הנפש שלי, לאבל ולשמחה.

תודה מיוחדת לאדי וארלן גולדשטיין על תמיכתם האוהבת בספר הזה.

אני רוצה להודות לאנשים היקרים שעמלו על הוצאת הספר לאור בעברית: סמדר אביב, המתרגמת המדהימה, שטיפלה בכל מילה ובכל משפט ברגישות ובחוכמה. איריס חיים, אישה מעוררת השראה, שהעניקה לספר הקדמה מופלאה מפרי עטה. תודה לחברי הוצאת קורן היקרים – תודה לך הרב ראובן ציגלר, על כך שמהרגע הראשון ראית את חשיבות הוצאת הספר הזה לקהל הישראלי. תודה לך אוריה מבורך, על התובנות שלך, הסבלנות והתמיכה בתהליך תרגום הספר בתקופה כה טעונה. העבודה איתך הייתה תענוג וזכות. תודה לך אפרת גרוס, עורכת המשנה המקצועית והנהדרת, איתך הרגשתי שהספר נמצא בידיים טובות. תודה למתיו מילר ולאריה גרוסמן שהאמינו בספר, דחפו אותו קדימה ועזרו לו להתגשם בעברית. תודה לשמואל לעסרי, שהקשיב לחזון שלי ברגישות של אומן, והצליח להפוך אותו לכריכה יפיפייה ונוגעת. תודה לרינה בן גל המעמדת המוכשרת והמקצועית, תודה לאלעד פייט על עריכה לשונית מצוינת, ותודה לאביחי גמדני על הגהה מעולה.

לזכר חברנו היקר, שמעון סיידנר.

לזכר הורינו – פול ומרילין לידרמן, וג'ק ולילאן מנדל.

לזכרו של יוסף איש־רן.

לזכרו של בננו, קובי מנדל.

למידע נוסף וליצירת קשר: sherrimandell@gmail.com
www.kobymandell.org
@mandellsherri (Twitter)

שרי מנדל

תשרי תשפ"ה

אוקטובר 2024

"שלא תדעו עוד צער"

איריס חיים

"שלא תדעו עוד צער" הוא משפט ששמעתי אין־ספור פעמים במהלך השבעה שלנו. שבעה על בננו יותם שנהרג מאש כוחותינו בעת שחילץ את עצמו משבי חמאס.

שנים שאני מבקרת בשבעות, מנהג יהודי חכם כל כך. מבקרת כחברה אך בעיקר כמי שמלווה חולים סופניים ואת משפחותיהם. אני בדרך כלל מגיעה ביום האחרון לשבעה או אפילו קובעת עם המשפחה להגיע כשהשבעה נגמרת, כדי לשבת עם בני המשפחה בשקט ובפרטיות, ולעבד את תהליך סיום החיים של יקיריהם. חשוב לי לייצר איתם תהליך סיום, פרידה וסיכום של התהליך שעברנו ביחד, בשבועות שקדמו ללכתו של בן משפחתם האהוב.

המשפט "שלא תדעו עוד צער" תמיד היה בעיניי מוזר ולא מחובר למציאות הקשה בה אנו חיים. לא השתמשתי בו כמילות נחמה. ואז, מגיע תורי לשמוע מילות נחמה, מפי אלפים, נשים וגברים, וכולם רוצים להקל ולו במעט על הסבל שאנחנו חשים, והמשפט הנפוץ, הנשמע בפי כול הוא – "שלא תדעו עוד צער".

אחד מאלו שאמרו לי את המשפט הזה הוא רב מכובד שהגיע עם תלמידיו לנחם אותנו. עצרתי אותו ושאלתי אותו: "איך יכול להיות שאומרים שלא תדעו עוד צער, כשיש צער בכל פינה בעולמנו? הרי בכל יום נהרגים חיילים, החטופים עדיין לא שבו כולם, אנשים נפטרים ממחלות ונהרגים בתאונות?"

תשובתו של הרב הימממה אותי אך גם הקלה עליי. "הצער", הוא אמר, "הוא לא מה שקרה לך אלא מה שתעשי אתו. הצער הוא לא העובדה שהבן שלך נהרג, אלא הדרך שלך להתמודד עם המציאות". הופתעתי מאוד מהתשובה, כי היא תאמה באופן מדויק את תפיסת העולם שלי לגבי התמודדות עם צער, אובדן וכאב.

במהלך החודשים שעברו מהשבעה של יותם שלנו, פגשתי את כתביה של המשוררת זלדה. אחד מהם דיבר אליי מאוד:

הדרמה נמשכת מאחורי המסך הסגור, דרמה שבחושינו
אלה לא נשיגה לעולם ורק הנשמה מנחשת משהו מעורפל
ביותר, רק הנשמה יודעת שמה שראו העינַים איננו האמת,
רחוק מאד מאד מן האמת.

...אבל מה זאת אמת?

האם הטמנת הגוף בקבר היא אמת?

לא. חשה אני שהעובדה הגסה איננה אמת כלל וכלל, שזו היא הקליפה המחוספסת שבתוכה טמון גרעין המשמעות של האמת.

העובדה היא צילום חיצוני, פרצוף המקרה, בלי האיברים הפנימיים, בלי מחזור הדם, בלי חוט השדרה, בלי הַרגשות ומחשבות, מוּדעוֹת ובלתי מודעות, בלי החלל הבין כוכבי, שחיי תקועים בו, בלי כל מה שקדַם לי ושיהיה אחרַי.

השֶלט של העובדה מוציא את חיי מאפיק האפשרויות הבלתי מוגבלות, מן המשחק החופשי של החיים. העובדה היא שקר, אבל היא נחוצה כי היא אי באוקיָנוס, היא שאגת האריה המזכירה לנו שיש אריה, היא החלון המואר שמזכיר לנו שבחוץ, בחלל העולם, זרחה השמש.

(גשם של בית קברות,
רשימה מתוך גני האין, עמ' 63–64)

כשהודיעו לי שחיילי צה"ל ירו ביותם – מוזיקאי בן עשרים ושמונה שנחטף מקיבוץ כפר עזה בשבעה באוקטובר, נלקח לשבי חמאס וברח ממנו לאחר שישים וחמישה ימים – התגובה הראשונית שלי הייתה "אפילו לכעוס לא השאירו לנו". לאחר כמה ימים שלחתי לחיילים שירו בבני, הודעה:

אני איריס חיים, אני אימא של יותם.

רציתי להגיד לכם שכל מה שקרה זה לא באשמתכם אלא באשמת החמאס,
אנחנו אוהבים אתכם, מחבקים אתכם ורוצים שתשמרו על עצמכם.

יכולתי לכעוס ובחרתי לאהוב ולחמול, מיד. המקרה שקרה לנו היה יכול להביא אותנו למקומות של קורבנות, כעס, האשמה. אבל לא בכך רציתי לבחור.

בתור אחות פליאטיבית, המלווה אנשים בסוף החיים, המגע שלי עם המוות הוא ישיר. ליוויתי אנשים שנפטרו בגיל שמונים וילדים שנפטרו בגיל עשר, הכרתי משפחות שמתמודדות עם מצבים רפואיים קשים של ילדיהם ושל עצמם. עם השנים הבנתי שדברים רבים קורים בעולם, מסיבות שונות, ואחד מהדברים הללו הוא מוות. המוות, הדבר שכולנו מפחדים ממנו כל כך, הוא למעשה עוד חוליה בשרשרת של אירועים שאינם תלויים בנו.

כשבני יותם נהרג, בהפתעה, מבלי שהייתה לנו האפשרות להתכונן לכך, ובצורה "טראגית", כמו שנהוג לומר (למרות שאני אישית לא אומרת שהוא נהרג באופן טראגי), זה היה דבר בלתי נסבל. פגשתי בכל ישותי את השבר, את המקום שבו הכול נגמר, המקום שבו אין יותר תקווה. באותו היום, חמישה עשר בדצמבר אלפיים עשרים ושלוש, ג' בטבת, זאת חנוכה, תשפ"ד, נזרקתי

לתוך תהום שחורה. כדי להתרומם משם, הייתי צריכה לגלות כיצד לעלות שוב על דרך שבה אוכל למצוא משמעות ותקווה לחיי. כדי לברוא תקווה, השתמשתי במילים. המילים "נהרג בשוגג" נמחקו מהלקסיקון, והחולפו במילים "יותם יצא לחופשי, כשברח משבי חמאס כפרטיזן". בראתי סיפור.

החיים הם סיפור שבו אנחנו יכולים להחליט אם אנחנו הקורבן או הגיבור. השימוש במילים מחזקות, חיוביות, מעצימות, הוציא אותי מתוך התהום השחורה. הפכתי את סיפור האסון והטרגדיה לסיפור של גבורה, הצלחה ובחירה בחיים. אני מספרת את סיפור השבי כסיפורו של אדם שגילה את כוחותיו במקום הקשה מכול, שעזר וסייע לחבריו. אני מספרת על חמישה ימים של חופש לפני יציאה לחופשי ומדגישה רק אלמנטים חיוביים שנותנים כוח. אני מוותרת על העובדות היבשות של הטעות והפספוס של הצבא מתוך הבנה שהעיסוק בפרטים הללו לא יחזיר את יותם לכאן. מה שמחזיר את יותם לכאן, הוא היכולת שלי להחיות אותו בכל רגע ורגע באמצעות הסיפור המעצים. מה שמאפשר לי להמשיך לחיות הוא ההבנה שרק אני יכולה לשלוט בתודעה שלי, ואם אצליח לסדר לעצמי תודעה של אהבה, שפע, קבלה ושמחה, כך גם ארגיש.

ומה שנכון לגבי הסיפור האישי שלי, נכון גם לסיפור הלאומי שלנו. בשבעה באוקטובר מדינת ישראל חוותה את האירוע

הקשה ביותר בתולדותיה. החושך השתלט למשך כמה שעות על כולנו, אזרחים שלווים בעוטף עזה, אנשים שרצו לחגוג חג, לרקוד במסיבה. החושך הגיע בדמות מרצחים שטבחו באזרחים תמימים וחפים מפשע, שחטו תינוקות, זקנים, אנסו נשים וגברים וחטפו את יותם שלנו.

ואז הגיע האור, אור קטן, שעם התקדמות השעות הלך וגדל והפך לאור עצום, אורו של העם היהודי. הוא הגיע בדמותם של החיילים הטובים שלנו, של המילואימניקים שקפצו ללא פקודה, של האזרחים הטובים שמיד וללא היסוס זינקו להציל את חבריהם מהקיבוצים, גם כאלה שלא הכירו זה את זה, ושל אנשים טובים שבישלו כמויות של אוכל לחיילים ולמפונים. ואני ראיתי את האור. גם בעת קושי עצום הצלחתי לראות את הטוב שיש בינינו, בתוכנו, את העזרה ההדדית ואת החיבור האוהב, וזה מה שחיזק אותי.

ומה קורה היום? תשעה חודשים לאחר יציאתו של יותם לחופשי, אני מייצרת משמעות לקיום שלי. אחד המשפטים שחרטתי על דגלי כאחות מלווה הוא "האחר קורא לאחריותי ומעניק משמעות לקיומי" (עמנואל לוינס). ואני רואה עד כמה זה נכון. כשאני עוזרת לאחרים אני מתמלאת במשמעות. תחושת המשמעות היא מה שנותן לי את הכוח להמשיך הלאה.

המשמעות היא בידיים שלנו. נטשתי את המילים המחלישות, האוטומטיות, שעוזרות לחבק את הקורבנוּת, כמו "למה" ו"אם", ובחרתי בתובנות משלי – חשיבה שמאצילה עוצמה על הפעולות של יותם ברגעיו האחרונים, מתוך הבנה שהחיים אומנם לא לגמרי בשליטתנו, אבל המשמעות שלהם – כן.

שרי מנדל היא אימא שמתמודדת עם האובדן שבחייה מתוך אומץ. ספרהּ מדבר מנבכי נשמתה כאדם שחווה קושי גדול, אך מסוגל לתאר תהליך של צמיחה מתוך כאב ולאפשר גם לאחרים להכיר בכך. שרי למדה על בשרה כיצד הטראומה והכאב טומנים בחובם הזדמנות נדירה להפוך את חיינו לעמוקים ומשמעותיים יותר, להעצים את הקשרים שלנו עם אחרים ולהצמיח אצלנו חוסן. היא פוגשת בסבל האובדן בעדינות ומתוך כבוד ומטפלת בו במבט יהודי עמוק. שִׁבעת שלבי החוסן היהודי המופיעים בספר הזה, מעניקים לקוראים את השליטה על סיפור חייהם ועל עיצובו מחדש כסיפור שיש בו אור, גדילה והתפתחות.

אסיים בציטוט משירה של חוה אלברשטיין:

כשאמות, משהו ממני, משהו ממני ימות בך
כשתמות, משהו ממך בי, משהו ממך בי ימות איתך,
ימות איתך.
כי כולנו, רקמה אנושית אחת.

פרק ראשון

כאוס

הקב"ה ליבא בעי [הקב"ה רוצה את הלב].

סנהדרין קו ע"ב

טעמו הראשון של האבל הוא טעם של כאוס. כאוס, מילה שנגזרת מיוונית ומשמעה המקורי הוא תהום פעורה, הוא מצב של בלבול, אובדן דרך, אובדן שליטה. פעם, בימים שלפני הטלפון הסלולרי ומערכת הניווט הלוויינית, נהגתי במכונית עם ארבעת ילדיי בצפון מדינת ניו יורק, והפתק עם הוראות ההגעה אל בית חברתי, לרבות מספר הטלפון, התעופף החוצה מבעד לחלון הפתוח.

בתוך כאוס האבל עלול האדם להרגיש שהמפה שלו התעופפה החוצה מבעד לחלון. אבל במצב כזה לא רק שאין לאדם מפה – הוא נדרש למצוא את דרכו בטריטוריה אפלה ומאיימת. הוא אבוד, תועה, ואינו מסוגל למצוא את דרכו, להיחלץ משם, להמשיך הלאה. עולמו קרס. המפגש המבעית עם הכאוס עלול להפילו לתהום של ייאוש וחידלון.

המשורר אדוארד הירש אומר כי, "האבל כמוהו כשק מלט בלתי נראה שהכול נושאים על שכמם". כל אחד מאיתנו עלול להיתקל פתאום במטען מטלטל של אובדן, כאב וייאוש. רובנו, באופן מובן מאליו, נבקש לברוח מן הכאוס הנלווה לטראומה ולשכול.

אבל אם ניתן אישור כניסה לאי הוודאות ולחשכה, יהיה זה אולי הצעד הראשון לעבר החוסן.

בפרק זה נלמד שאם נרשה לעצמנו להיכנס אל תוך הכאוס, למעוד, לזעוק, להתמסר לחוסר האונים שלנו, נגלה אולי שהכאב עשוי להוביל אותנו אל עבר אמת גדולה יותר הן על פגיעותנו הן על כוחנו בעולם הזה. הכניסה אל תוך הכאוס מכשירה אותנו לראייה בהירה יותר ולחוכמה מועצמת, וכן למערכת יחסים אינטימית יותר עם הקדוש ברוך הוא.

שינוי השינוי

שינוי זה בחיינו משנה הכול. אנו חוצים קו שממנו אין עוד דרך חזרה למה שהיינו קודם לכן. אין הדבר דומה להחלפת צבע הקירות בסלון או להחלטה הנחושה להתחיל דיאטה בשבוע הבא. זהו השינוי, בה"א הידיעה.

האסון שחווינו משנה את עצם המערכת המנחה את חיינו. אין פלא שאנו חשים כי עולמנו הפך לכאוס. איננו מסוגלים להתמודד או לדמיין לעצמנו את חיינו. איננו מאמינים שמישהו יוכל לעזור לנו, או להבין אותנו.

ראו למשל את הקטע הבא מתוך מאמר דעה שנכתב בידי אלמנה והופיע ב**ניו יורק טיימס**:

> את אחת העצות הטובות ביותר שמעתי מחברה שבעלה מת פתאום. המסר החידתי שלה היה: ״אל תשכחי שאת זאת את״. וכמה שהיא צדקה. כוונתה הייתה שאסור לי להניח לעצמי להשתנות בעקבות חוויית האבל שלי.

אני מבינה שהאישה הזאת ביקשה לא לאבד את זהותה, אבל אין טעם לחשוב שהאבל לא ישנה אותה.

כשסיימתי את התיכון כתבו לי חברים בספר המחזור: ״שלא תשתני אף פעם״. האם גם אני כתבתי כך לאחרים? האם התכוונתי שעלינו להישאר כפי שהיינו בכיתה י״ב?

הדרך היחידה לספוג לתוכנו את האסון היא לצפות לשינוי. חשבו רגע, רבים כל כך הולכים לטיפול ומייחלים להשתנות. רבים כל כך דבקים בגורו או מטפסים על הרים בהימלאיה מפני שהם רוצים להשתנות. רבים מחפשים מורים כריזמטיים מפני שהם משתוקקים לשנות את עצמם, להתחדש, להירפא.

למרבה הצער, אנשים מתקשים לחולל שינויים חיוביים בחייהם, בייחוד לאורך זמן. רבי ישראל מסלנט, שהיה ראש ישיבה בליטא במאה התשע־עשרה, אמר שקשה יותר לשנות תכונת אופי חלשה אחת מאשר ללמוד את כל מסכתות התלמוד גם יחד. הסלנטר טען, כי האדם צריך להתאמץ כדי להיות אדם מוסרי יותר, אכפתי יותר. והמאמץ הזה קשה מאוד מפני שרובנו לא

מניחים לעצמנו להפנים את השינוי ולהופכו לחלק ממי שאנחנו. יש לנו הזדמנות לצמוח, ולא רק הזדמנות, אלא מחויבות. ולא רק מחויבות, אלא צורך.

דעו אפוא: חוסן מביא עימו שינוי. לא נשוב עוד להיות מי שהיינו. בעקבות המפגש עם האובדן נתקדם הלאה ונהפוך למישהו חדש, מישהו שאנחנו עוד לא מכירים.

השתוממות

כאוס הוא ראשיתם של כל שינוי וכל יצירה. התורה מספרת כי העולם נברא מתוך מצב של כאוס, תוהו ובוהו: "בְּרֵאשִׁית בָּרָא אֱלֹהִים אֵת הַשָּׁמַיִם וְאֵת הָאָרֶץ. וְהָאָרֶץ הָיְתָה תֹהוּ וָבֹהוּ וְחֹשֶׁךְ עַל פְּנֵי תְהוֹם, וְרוּחַ אֱלֹהִים מְרַחֶפֶת עַל פְּנֵי הַמָּיִם" (בראשית א, א–ב).

סיפור הבריאה מתאר מצב של תוהו ובוהו, שממה וריק, אפסות. העולם היה שרוי בחשכה ופניו מכוסות במים. לא הייתה קרקע מוצקה. נוכל אולי לדמיין זאת מפני שמצב כזה מזכיר לנו את התחושה המטלטלת של חרדה וריקנות, הפוקדת אותנו כשאדם יקר לנו מסתלק מן העולם.

למרבה ההפתעה, המילה העברית "תוהו" מביעה גם פליאה. רש"י מבאר כי תוהו הוא **השתוממות**

אל מול הריק: "שאדם תוהא ומשתומם על 'בהו' שבה [בעולם]". בראייתו של רש"י, הצופה ההיפותטי קולט שמה שנראה לו עתה מוצק ומובחן היה פעם חסר צורה ובלתי מוגדר. הקיים עתה לא היה בהכרח קיים בעבר. במקום היש היה אולי פעם לא־כלום – לא עולם, לא טבע, לא כוכבי שבת ולא כוכבי לכת, לא אנושות, לא שגב. אנחנו מתבוננים בריקנות תהומית וסוערת בלב העולם, אבל אותה הכרה אינטימית של האקראיות אינה מובילה בהכרח לייאוש, אלא עשויה להצית בנו הכרת פליאה עמוקה.

אל מול האובדן עצמו, קשה כמובן להאמין בפלא כלשהו. האסון מעמיד בסכנה אפילו את שפיותנו. אני עצמי חששתי שלא אצליח כלל לשאת את שבר האובדן, חששתי שאצא מדעתי. האובדן של קובי היה כאב מפלח שנמשך שנים ארוכות וימשיך ללוות אותי, בצורה זו או אחרת, עד יומי האחרון. מה שהפר את האיזון הפנימי שלי לא היו רק היעדרו של בני והאכזריות שהייתה כרוכה במותו, אלא גם העובדה שהעולם נראה לי אז קודר ובלתי צפוי ומרושע. השיבה לחיים נראתה לי אז אפשרות בלתי סבירה, לא פחות מעמידה על מים.

הגמרא מספרת על אנשים ששטו בספינה והגיעו לאי, ובו הם מבשלים ואוכלים יחד (בבא בתרא עג ע"ב). פתאום האדמה מתחילה לרעוד תחתם. מה שקודם נדמה להם כקרקע יציבה אינו אלא יצור ימי ענק מכוסה בחול ובעשבים. כשאותו דג

ענק מתהפך פתאום, האנשים מוטלים המימה. אלמלא הייתה ספינתם קרובה, היו ודאי טובעים. הם מגלים כי בעצם עמדו על בסיס רעוע, זמני, גועש.

כשאנחנו מוטלים בבת אחת אל תוך שממת הכאוס אנחנו שואלים את עצמנו איך נתמודד, איך נשרוד. אפילו המילה "נתמודד" אינה מתארת זאת כהלכה. אנחנו נלחמים. אנחנו נאבקים עם כאבנו. אם שכולה אחת תיארה את החוויה שלה כרעש אדמה. אם אחרת סיפרה לי שהרגישה שהאגו שלה התנפץ לרסיסים. כשאנחנו מנותקים פתאום מכל הדרכים שבהן הורגלנו להבין את העולם, מהשגרה שלנו, כשאנחנו נדרשים למצוא מחדש את שיווי המשקל, נדמה לנו אולי שאין לנו שום דרך להתעמת עם המציאות החדשה שנכפתה עלינו. אנחנו מרגישים בודדים, לא יציבים, רועדים, העולם נראה לנו גחמני, מאיים, זדוני, וסבלנו נראה לנו שרירותי.

ואף על פי כן, אם נניח לתחושת הכאוס לחדור פנימה, אם נוכל לשאת את החרדה (לא פעם בעזרת אחרים), ייתכן שיהיה זה אות מבשר לגיבוש חדש של העצמי שלנו. גם אם נחוש שעצם הווייתנו קורס, ייתכן שנעבור מין תהליך אלכימי, המרה פלאית של העצמי, שיום אחד יזמן ויכיל את המופלא.

אין בכך כדי לומר שאסור לנו להתווכח עם אלוהים, לצעוק אליו

או להתחנן לפניו. אנחנו רוצים כמובן שבחיינו יקרו רק דברים טובים, ואיננו רוצים לצמוח מתוך מכאוב. הרעיון כולו עלול להיראות לנו אכזרי, ואפילו סדיסטי כמעט. הייתי מעדיפה להיות אדם שטחי ונינוח יותר עם בן חי מאשר לקבל עליי תחושת שליחות עמוקה.

אך בתוך הסבל הזה נמצאת גם האלוהות. כשאנחנו שרויים בכאב, לפעמים איננו יכולים להכיר בנוכחות האל. אבל אפילו בתוך ההלם, הבלבול, הריקנות והייאוש רוח אלוהים מרחפת מעלינו. רש"י משווה זאת ליונה המרחפת מעל הקן כדי להגן עליו. אלוהים מרחף. הוא אינו כופה את עצמו עלינו, אבל הוא אינו נוטש אותנו.

מתוך הלא־כלום נוצר משהו

מזמור קכו בתהילים הוא מזמור של תקווה, שבשורותיו האחרונות מכיר בחיבור העמוק שבין הריקנות וההיווצרות:

הַזֹּרְעִים בְּדִמְעָה בְּרִנָּה יִקְצֹרוּ.
הָלוֹךְ יֵלֵךְ וּבָכֹה נֹשֵׂא מֶשֶׁךְ הַזָּרַע,
בֹּא יָבֹא בְרִנָּה נֹשֵׂא אֲלֻמֹּתָיו.

גם כשאנחנו מרגישים שהאדמה הנושאת אותנו התהפכה לבלי שוב, קיימת ההבטחה שזרעים חדשים ינבטו ויצמחו. מובטח לנו

קציר גם בשעה שדבר כזה נראה חסר סיכוי, כשצמיחה אינה עולה כלל על הדעת. השפע המובטח הזה נובע ממעשה הזריעה, שלכאורה הוא תהליך אקראי הרבה יותר משתילה.

כשאנחנו שותלים, אנחנו נוטלים זרע או שתיל, ובזהירות, ואפילו בעדינות, טומנים אותו בקרקע. אם זהו שתיל, הוא נראה לעין. את השתילים אנחנו שותלים בשורות ישרות. אנחנו יודעים מה עתיד לצמוח מהשתילים – אנחנו מכירים את הצורה, את הטעם, את המרקם. אנחנו יודעים למה לצפות.

לעומת זאת, כשאנחנו זורעים אנחנו מפזרים זרעים בתוך האדמה אם לא אנו זרענו את הזרעים, יש להניח שאפילו לא נהיה מודעים לקיומם. לא הצבנו שלט שעליו מצוין, למשל, השם "שעועית ירוקה" והתאריך. איננו יכולים להיות עדים לסימני הצמיחה הראשונים. זריעה היא תהליך הכרוך באמונה.

יהיה אשר יהיה האמצעי שבו נטמן הזרע באדמה, כל זרע חייב להתפרק לפני שיוכל לצמוח ולהיעשות פרי או ירק. כל זרע חייב להתפרק כדי לנבוט. עליו להתמסר לאפלת המסתורין כדי לבצבץ מעל פני האדמה. תהליך זה נדמה לעיתים מפרך, אבל רק כאשר הזרע הופך ללא־כלום הוא יכול בעצם להפוך למשהו.

אני מבקשת לחזור על זה, מפני שהאמת הזאת מדהימה כל כך:
הזרע צריך להיות ללא־כלום כדי להפוך למשהו.

איך מתמודדים עם הפחד, הכאב והאֱינוּת? באמצעות ההכרה שאחד ההיבטים החיוניים ביותר של החוסן הוא היכולת לתת לחושך להיכנס, להתמסר, לעצור רגע, להשעות את מהלך השגרה, להמתין, לקבל. עלינו לעצור ולפנות מקום לגלי הכאב. אנחנו יושבים, אנחנו שואלים, אנחנו מהרהרים, אנחנו בוכים. אנחנו שוהים במעין כור מצרף של ספק וחוסר איזון, של ריקנות ושל כאב. ההלם משתיק אותנו, כאילו שבנו אל מעמקי המים הבראשיתיים, בטרם היות השפה.

כל לידה כרוכה בירידה זו אל חידת החושך. ישנם סודות שיתפענחו לנו רק בחושך. רגעים אלה של ערפול, שבר וחוסר פשר הם סימן ההיכר של השכול, הצער, האבל והטראומה.

האדם הסובל יהיה חייב אולי לצלול אל תוך חרדת הלא־כלום. אם לא ייכנס אל תוך החשכה, ייתכן שלעולם לא יצא ממנה. המשורר דונלד הול מגדיר חורף ללא שלג בניו אינגלנד כאסון לנפש: "האדמה לא תוכל לבצבץ מחדש שהרי לא כוסתה כלל". כדי להיוולד מחדש יש לעבור תהליך של פירוק.

איך נעשה זאת? מה ייתן לנו את האומץ להתעמת עם הטלטלה הפנימית ועם האַיִן? תשובה לכך תימצא אולי בתהלים קכא: "אֶשָּׂא עֵינַי אֶל הֶהָרִים, מֵאַיִן יָבֹא עֶזְרִי". "מֵאַיִן" פירושו גם "מן הלא־כלום". העזרה תבוא מתוך הכאוס עצמו, מתוך מודעותנו

ללא־כלום, מתוך האַיִן והתהום. בטראומה מתנגשת הנפש עם האַיִן ומגלה כי היא יכולה לשאת את החורבן. זאת ועוד, כשאנחנו שוהים בחשכה אנחנו לומדים שביכולתנו לראות גם שם, בדיוק כפי שאנחנו מסוגלים לראות צורות, דמויות וצבעים גם בעיניים עצומות. בתוך הלא־כלום מהבהב לו משהו.

כדי להכיל את האמת הזאת נחוצות ענווה עמוקה, אמונה, התמסרות. כמעט בלתי אפשרי להאמין שברגע ההתפרקות מתחילה בעצם לידה מחדש. עם זאת, המשיח עתיד להיוולד דווקא בתשעה באב, היום הקודר ביותר בלוח השנה העברי, המציין את האסונות שנפלו בחלקו של העם היהודי.

ראשית הצמיחה אינה נראית לעין: הנביטה היא תהליך מסתורי ובלתי נראה. הגמרא אומרת ש"אין **הברכה** מצויה אלא בדבר **הסמוי** מן העין" (תענית ח ע"ב). הסתרה היא השלב הראשון של קבלת הברכה.

המילה העברית 'ברכה' מאפשרת לנו לראות משהו מהבטחה זו של ההתחדשות. היא קרובה אל המילה 'הַבְרָכָה', מונח חקלאי המתאר את לידתה מחדש של גפן היין. את הגפן יש להכניס לאדמה כדי שתוכל אחר כך לשוב ולבצבץ מעליה. גם כשאנו מרגישים שהרחקנו אל לב המאפליה, קיימת צמיחה, שורשים חדשים ועדינים הולכים ונוצרים.

לפעמים נרגיש אולי שאיננו מסוגלים לראות עוד את הקב"ה ואת הטוב, אבל הברכה קיימת, והיא ממתינה להיחשף, להתגלות. תחילה יש להתעמת עם הכאוס, לאפשר לכאב ולחורבן לחדור אל הווייתנו.

פגיעוּת

כולם יאמרו לכם להיות חזקים. מניסיוני, המפתח הוא לתת לעצמנו רשות להיות דווקא חלשים ופגיעים – להרשות לעצמנו למעוד. זה נשמע אולי פשוט, אבל רבים מאיתנו יעדיפו לדלג על השלב הזה ולהפגין חוזק. אילו ספרתי כמה פעמים שמעתי מאנשים שעליי "להיות חזקה", הייתי מגיעה בוודאי ליותר מאלף. אבל איש צעיר אחד אמר לי "תשמרי על הכוחות שלך", ואני חושבת שהעצה הזאת הייתה הרבה יותר מועילה.

פגיעוּת היא גם כוח שיש להגן עליו. לא מלמדים אותנו להודות בפגיעות וגם לא מייחסים לכך ערך רב. מקורה הלטיני של המילה האנגלית vulnerability, פגיעות, הוא במילה פצע. להיות פגיע פירושו היתר לחשוף את פצעינו, את ספקותינו ואת פחדינו. לרובנו לא נוח להודות בפחד או בכאב. נדמה לנו שאנחנו אמורים להיות מושלמים, בוטחים, חזקים, בטוחים בעצמנו. וכשאין זה כך, לא כל האנשים סביבנו יכולים לקבל את ביטויי אי הוודאות

שלנו או לעמוד על משמעותם. אלא שהפגיעות היא אולי הכוח העמוק ביותר שלנו. עלינו להחליט מתי והיכן לתת לה ביטוי.

כמרצה, למדתי על כוחה של פגיעות. אני מרבה להרצות על ספרי **חסדי הלב השבור** וכן על קרן קובי מנדל. פעם פחדתי לדבר כי חששתי מטעויות, אבל היום, כשאני מרצה, אני יודעת שמותר להיות לא מושלמים. אם אני שוכחת לאן כיוונתי בנאומי, מה היה אמור להיות הסיפור הבא, אני שואלת את השומעים מה הייתה הנקודה האחרונה שעליה דיברתי. דומה שהמתיחות בחדר מתפוגגת, גם שלי. כשאני מרשה לעצמי להיות פגיעה, ההרצאה נעשית כנה יותר, ישירה יותר, עוצמתית יותר – והחיבור עם השומעים משמעותי יותר.

דניס ריגן, קומיקאי שהופיע בתוכנית הלילה עם ג'יי לנו וכן בסרטי קולנוע, אמר לי שכמה מהצחוקים הגדולים ביותר שהוא זוכה לשמוע, באים דווקא כשהוא טועה או מפשל בבדיחה, שכן הקהל מרגיש קרבה אליו ומזדהה איתו רגשית.

בגמרא נאמר "לעולם יהא אדם רך כקנה ואל יהא קשה כארז" (תענית כ ע"א). הקנה גמיש אך יציב, מתכופף אל מול פני הסערה ואינו נשבר. אותו קנה צנוע זכה להשתתף בקדושה מפני שמגלפים אותו ומכינים ממנו קולמוס.

הקנה מלמדנו שהיכולת להתכופף ולהיכנע יכולה ליצור

מערכת יחסים מקודשת יותר בינינו לבין העולם. אם נוותר על ההגנות, על העמדות הפנים אל מול החיים, עשויה להתגלות לנו אינטימיות גדולה יותר עם אחרים ועם האלוהות. הרב יצחק הוטנר, ראש ישיבה והוגה דעות בן המאה העשרים, מביא מדברי חכמים, "אין אדם עומד על דברי תורה אלא אם כן נכשל בהן" (גיטין מג ע"א).

כשאנו נכשלים, אנחנו פוגשים מחדש את העולם ואת המילים. כאשר התגובות המותנות שלנו אינן עומדות עוד לרשותנו, אנחנו מתמודדים עם משמעות. כשאנחנו מאבדים את יציבותנו, כשאנחנו מתחבטים, אנחנו מגששים ומנסים למצוא נקודת אחיזה ועשויים לאמץ עמדה שהיא אולי חלשה יותר אך גם אותנטית וחיונית יותר. הואיל ואיננו יכולים עוד להסתמך על ההרגל או על ההתניה, נפגוש אולי דברים שלא היו זמינים לנו קודם לכן – אמיתות על עצמנו, על מי שסביבנו ועל האלוהות.

במקום לרגוז, לכעוס ולהתמרמר על העוול או על ההשפלה שנכפו עלינו, ייתכן שנגלה כי דווקא הפגיעות היא שמבססת מערכת יחסים כנה וישירה יותר עם הזולת ועם הא־ל.

בפגיעות יש גם כוח

המשיח הגואל, העתיד להשכין שלום בעולם, אינו מתואר

במקורות היהודיים כגיבור אלא כדמות פגיעה. בסיפור היהודי הארכיטיפי, המשיח הוא עני פצוע העומד עם עניים אחרים בשערי העיר:

> ר' יהושע בן לוי מצא את אליהו הנביא כשהיה עומד על פתח מערת הקבורה של ר' שמעון בן יוחאי... אמר לו לאליהו: אימתי יבוא המשיח? אמר לו: לך שאל אותו עצמו. שאל ר' יהושע: והיכן הוא יושב? אמר לו אליהו: על פתח העיר רומי. שאלו: ומה סימנו שאדע שמשיח הוא? ענה לו: יושב הוא בין עניים סובלי חלאים וכולם מתירים תחבושות וקושרים בפעם אחת, אבל הוא מתיר תחבושת אחת וקושר אחת. אמר: שמא יצטרכו אותי לגאולה ואז שלא אתעכב עד שאחבוש את כל פצעיי.

(סנהדרין צח ע"א, בארמית במקור, על פי ביאור הרב שטיינזלץ)

המשיח במדרש זה איננו גיבור חיל אלא רופא שפגוע וסובל בעצמו, ומסוגל לחוש בכאב הזולת. בשונה מהעניים האחרים, הוא מסוגל להתעלות מעל כאבו ולהעניק לאחרים דווקא מתוך חולשתו. מה שמייחד אותו, לדעתי, הוא ההיענות והנכונות. הוא יושב בשער העיר וחובש את פצעיו בזה אחר זה כדי שלא יבזבז רגע וייחלץ לעזרה ברגע שיתבקש לעשות זאת.

לא פעם קשה לנו לגעת בפצעינו או להיות עדים לסבלו של האחר. רובנו איננו רוצים לשבת בשער העיר עם עניים החובשים את פצעיהם המוגלתיים. אנחנו מבקשים להתרחק ככל האפשר מאנשים סובלים.

הכאב מאיים לפרק אותנו, אבל דווקא הפצע הוא שמעניק לנו סמכות. יעקב נאבק כל הלילה עם מלאך מסתורי הפוצע אותו בכף ירכו וגורם לו לצליעה שתימשך כל חייו. אבל המלאך אינו יכול לו. זאת ועוד, יעקב מבקש ברכה מהמלאך ומקבל (בראשית לב, כז–ל). שמו משתנה מיעקב לישראל, "כִּי שָׂרִיתָ עִם אֱלֹהִים וְעִם אֲנָשִׁים וַתּוּכָל", ומכאן ואילך הוא נקרא בשני השמות. כך מבטיח לנו הקב"ה כי גם אם ניפצע ונצלע, מאבקינו הגדולים ייעשו עבורנו, בסופו של דבר, מקור ברכה. איננו צריכים להתעלם מהחלקים הפצועים. מאבקינו יוכלו להיעשות עבורנו מקור לחיוניות.

זעקה

התורה מזהה את הקשר האמיץ שבין חוסר אונים לבין הצורך להתפלל. המילה "פגיעוּת" נגזרת מהשורש פג"ע, אבל יש לה גם משמעות מקובלת פחות, והיא תפילה. כשיעקב בורח מפני אחיו עשיו המתכוון להורגו, הוא משאיר את משפחתו בבאר שבע והולך לבדו לחרן. ושם, מספרת התורה, הוא פוגש

("וַיִּפְגַּע") בַּמָּקוֹם ולן שם (בראשית כח, יא). הרב שמשון רפאל הירש מתרגם את הפועל "ויפגע" במשמעות של התנגשות. רש"י, בעקבות חז"ל, מחדש לנו כי למילה "ויפגע" פירוש נוסף, להתפלל. ואכן, המפגש הזה נחשב למקורה של תפילת ערבית, הנאמרת דווקא בשעה החשוכה המפחידה אותנו ביותר, השעה שבה אנו מתקשים במיוחד לראות את ידו האוהבת של אלוהים. כשאנחנו נתקלים בפגיעותנו, אנחנו נדחפים לפעמים לעבר שפת התפילה. אנחנו זועקים בשעתנו הקשה.

רבים יאמרו לנו לא לבכות, אבל בכי אינו בהכרח התפרקות. אדרבה, זהו השלב הראשון, והחיוני ביותר, של האבל, של מציאת הקול הראשוני, של התיקון.

אני מבקשת להדגיש כי לב שבור אין פירושו דיכאון בהכרח. דיכאון הוא חור שחור, מערבולת הלופתת אותנו בכוח רב ואינה מניחה לנו להימלט, היא עצב מולקולרי, אבל שבירה היא באופן מסוים המצב האנושי עצמו. כולנו נהיה שבורים בשלב זה או אחר בחיינו.

אנחנו זועקים מפני שהשפה הרגילה אינה יכולה לבטא את תחושת התוהו ובוהו של החוויה שאנו חווים, את הכאוס של האומללות הגדולה. אותה זעקה בראשיתית, השפה המגומגמת של הבלבול והייאוש ואובדן התקווה, מתארת את המפגש

המיטלטל עם כאב הריק, עם הייאוש לנוכח הריקנות המאיימת. במציאות טראומטית זו אנחנו זועקים לעזרה, להקלת מה של הכאב, להבנה, לחיבור עם עולם אחר, כי רק אלוהים יוכל לנחמנו. אכן, זעקתנו נחוצה גם כדי לעורר את חמלת האל.

רק כאשר אלוהים שומע את צעקת בני ישראל מפני נוגשיהם במצרים, הוא מדבר אל משה ואומר לו כי הוא רואה ושומע את סבלם - הוא **יודע** את מכאובם - והוא יזכור אותם ויוציאם מעבדות לחירות. צעקת העם היא שמניעה את תהליך יציאת מצרים והשיבה לארץ ישראל - הגאולה (שמות ג). אלוהים דורש כי נצעק אליו – ואז ייענה לקריאתנו.

סגירת מעגל וגילוי

בפרשת "לך לך" אומר אלוהים לאברהם ללכת מארצו, ממולדתו ומבית אביו אל הארץ אשר יראה לו. עליו לעזוב כל מה שהוא מכיר ולצאת ולגלות את זהותו החדשה ואת חיבורו אל אלוהים. במצב פגיע זה נדרש אברהם לצאת לנדודים ולהמתין לאות.

ייתכן שהכאוס הוא הצעד הראשון בדרכנו לגבש לעצמנו דמות חדשה. בתוך הפגיעות והשבר קורא לנו אלוהים "לך לך!". מפחיד מאוד להיעקר, מבלבל לנטוש את מנעמי החיים ואת הזהות הקודמת, אבל מהיותנו נוודים אנו עשויים לגלות פלאים חדשים בעולם.

בעקבות הטראומה עשוי לבוא גילוי. בהר סיני אלוהים מדבר אל עם ישראל, והמדרש מספר כי נשמותיהם פרחו, אלא שאז חווה העם תחושה של לידה מחדש. אחרי העשן, האורות וקול השופר מגיע תור מתן תורה. אימת המוות של העם מתחלפת בהתגלות, בהצהרת האמת האלוהית.

משהו מקביל מתרחש אולי גם בחיינו האישיים לנוכח אסון נורא. הזעזוע עשוי להתחלף בתובנה, בידיעה, במתת אל. ההתגלות עשויה ללבוש צורה של אהבה או חיבור לכל אדם סובל, תחושת תכלית, ואפילו קבלה של מצבנו. זו עשויה להיות הבנת המגבלות של העולם הזה, או רצון לקשר עם העולם הבא, כמיהה להציץ מבעד למחיצה הדקיקה המפרידה בין העולמות. היא עשויה להתבטא באמונה חזקה יותר או ביתר חמלה ושפע נדיבות כלפי הזולת.

דווקא הדבר שאנחנו מבקשים להימנע ממנו בכל כוחנו, ההשתנות, זניחת כל המוכר – עשוי להיות גולת הכותרת של הפריחה המפרידה בינינו לבין מי שהיינו והמעבירה אותנו למקום אחר, שבו נהיה מסוגלים לממש את העצמי המורחב שלנו במלואו.

הרעיון שכל תהליך אֶבל צריך להסתיים בסגירת מעגל הוא אפוא בעייתי. רוב בני האדם מבקשים באופן טבעי ומובן לסגור את

הכאב מאחורי סורג ובריח. הם רוצים להניח אותו מאחוריהם. הם רוצים לשוב אל החיים שהיו להם לפניו, אבל סגירת מעגל היא רעיון מופרך. איננו רוצים בכאב, אבל חשוב שנבין שמאחוריו מסתתר גם דבר הממתין להתגלות.

מעבר לחורבן

אין בכך כדי לומר שאנו מזמינים את הסבל אל חיינו. למעשה, היהדות מורה לנו לא להישאר בתוך כאוס הכאב, ולעזור לאחרים לצאת מתחום מסוכן ובלתי נסבל זה. נוכל אולי לראות בכאוס את המקבילה ל־848 המטרים העליונים של האוורסט, המכונים "אזור המוות". באזור הזה זמינים למטפסים רק 30 אחוזים מכמות החמצן הזמינה בגובה פני הים. לא פעם הם חווים בלבול ומתקשים לישון ולאכול. תהליך העיכול מואט. פצעים אינם מגלידים. ואם נשארים שם זמן רב מדי, קיימת סכנה לאובדן הכרה ואף למוות.

ההלכה היהודית מכירה בכך שהימים שלאחר מותו של אדם אהוב הם תקופה טעונת כאוס. האבלים שרויים במצב נפשי שברירי, ולפיכך יש להם מעמד מיוחד המכונה אנינות ונמשך עד אחרי הקבורה. במצב זה הם אינם חייבים בתפילה או בקיום מצוות אחרות, מפני שהם נתונים בסערת נפש; הכאוס של המוות והכאב מטלטל את עולמם.

השוהה תמידית בתחום חשוף זה של כאב צורב ושל הזדקקות נואשת, עלול שלא להחלים. לעומת זאת, אם לא נאפשר לטראומה להיכנס, אנו עלולים שלא להתאושש לעולם.

הכניסה אל תוך הכאב דומה אולי לצלילה. כשאני צוללת עם שנורקל בים האדום, אני המומה מהצבעים העזים של להקות הדגים הזוהרות ושל מבני האלמוגים, שאינם נראים מעל לפני השטח. האבלים עלולים לאבד את אחיזתם, לחוש שהם עומדים לטבוע, אבל עליהם לדעת שאחרי הפחד והטראומה, אי־שם בחשכה, יתגלו לעיניהם ניצוצות של יופי.

שאלות

- מה למדתם על כאוס, על תוהו ובוהו, בילדותכם? בבית? בבית הספר? בקהילה? בחייכם הפרטיים?
- מה אומר לכם המושג כאוס? כתבו משפט אחד שעולה על דעתכם כשאתם חושבים על כאוס.
- כיצד אפשר להגיב לכאוס? כתבו משפט תגובה לכאוס.
- תארו תקופה של כישלון, מעידה. מה קרה? מי עזר לכם?
- איך מצטיירת בעיניכם פגיעות?
- מהו בעיניכם ההבדל בין סגירת מעגל לבין גילוי?
- אל מי אתם יכולים לזעוק?
- איך משפחת המוצא שלכם התמודדה עם אבל?

- מה למדתם על אבל בילדותכם? מה למדתם בבית הספר או בקהילה? מה למדתם על כך בבגרותכם?
- מה היא תפילתכם האישית להחלמה?

פרק שני

קהילה

כִּי אָמַרְתִּי עוֹלָם חֶסֶד יִבָּנֶה.
תהילים פט, ג

בהגות היהודית, יצירת חוסן אינה מתבססת על היחיד אלא על הקהילה. רוב תפילותינו מנוסחות בלשון רבים. איננו מהללים את היחיד החזק שדואג לעצמו בלבד, אלא שופטים את היחיד על פי נכונותו להעניק לאחרים, לצאת להגנה על החלש. קהילה אינה רק רשת חברתית, שכונה או ארגון, אלא מרחב שבתוכו שוררת תחושה עמוקה של אחריות לזולת, חמלה המאפשרת לנו לשתף בתחושה של שליחות ושל ייעוד בריפוי העולם.

ברגע זה בחייכם אתם זקוקים בוודאי ליחס חם מאחרים. בהמשך תהיו מסוגלים לתת אותו לאחרים ובצורה שלמה יותר, מפני שאתם כבר מכירים באופן מלא יותר את החמלה. אתם עתידים לחוש ביתר עוצמה את הקהילה, לחוש חיבור עמוק יותר לאחרים, חיבור המעניק לכם חוסן.

אין חבוש מתיר עצמו מבית האסורים

מה שעשוי לפרוץ את הגבולות בינינו, את הבדידות, הוא החסד.

האדם הסובל עלול להרגיש כאילו הוא נמצא לבדו בצינוק, כמו חבוש בבית האסורים. תחושה זו באה לידי ביטוי בקיץ אחד במחנה קובי – מחנה טיפולי שהקימה הקרן שלנו לארבע מאות ילדים יתומים – כאשר אחד המטפלים באומנות ביקש מילדים בגיל חטיבת הביניים לצייר קומיקס וחילק אותם לקבוצות. הילדים התבקשו ליצור סיפורים על גיבורים, לצייר ולצרף לתמונות כיתוב שיתאר את מסעו של כל גיבור.

השיעור הסתיים וגיליונות הנייר הגדולים עם האיורים הצבעוניים נשארו תלויים על הקירות. בעלי ואני נכנסנו לחדר ושאלנו את המטפל איך לדעתו התנהל השיעור. הוא הסתפק, אבל אז בעלי עיין באיורים ונוכח לדעת שבכל אחד מהם מתואר כלא, ומישהו הנתון מאחורי סורגים, או אזוק בידיו או מנסה להימלט.

הסבל מבודד אותנו וכדי להתגבר עליו נחוצה לנו נוכחותו של אדם אכפתי. יהיו אשר יהיו עמדותינו האינטלקטואליות או הרוחניות, חוויית הצער מערערת אצל כולנו את שיווי המשקל ולפעמים אפילו את השפיות. גם גדולי חכמי התלמוד, שהאמינו בכל מאודם בקב"ה ובכוחו המטהר של הכאב, לא יכלו לעמוד לבד בייסוריהם. רבי חנינא בא לבקר את רבי יוחנן החולה ושאלו: "חביבים עליך ייסורים?", ורבי יוחנן השיב לו: "לא הם ולא שכרם". ראה רבי חנינא שרבי יוחנן מתייסר בכאב ואמר: "תן לי ידך". נתן לו רבי יוחנן את ידו והוא הקימו מהמיטה. וחכמים

שואלים: "מדוע ר' יוחנן לא הקים את עצמו?", ועונים: "אין חבוש מתיר עצמו מבית האסורים" (ברכות ה ע"ב).

בשעת משבר גם בעלי האמונה החזקה מבינינו זקוקים לעזרת אחרים כדי לפרוץ את כלא הייסורים. זאת ועוד, כשאנשים מתכנסים יחד, הכאב פוחת. התלמוד קובע כי "כל המבקר את החולה נוטל אחד משישים בצערו" (נדרים לט ע"ב). תופעה דומה קיבלה אישוש במחקר על חברות שנערך באוניברסיטת וירג'יניה. כששני חברים מטפסים יחד על הר, ההר נדמה להם תלול פחות מכפי שהוא נתפס בעיני אדם המטפס ביחידות. זאת ועוד, ככל שהשניים מכירים זה את זה זמן רב יותר, הטיפוס נראה קל יותר.

מרטין בובר מביא מדברי חסידים: "כשאדם שר ואינו יכול להרים את קולו, ובא אחר שיכול להרים את קולו ושר עימו, יוכל גם הראשון להרים את קולו. זהו סוד הברית בין הנשמות".

הזמן אינו מרפא, לא כן החסד

רוב בני האדם אינם מודעים לתפקיד החיוני השמור לקהילה בהגנה על חבריה מפני פגיעות הקשורות בטראומה. לצד תגובתנו למה שקרה לנו, הקהילה מקבלת אותנו לתוכה ומגינה עלינו לאחר מעשה, והאופן שבו היא עושה זאת משפיע על

יכולתנו להחלים. מחקרים מן השנים האחרונות מעלים כי מידת הטראומה של הקורבן קשורה במידה רבה לדרך שבה דואגת לו הקהילה. במחקר שהקיף 141 חיילים־ילדים לשעבר בנפאל (בני חמש עד ארבע־עשרה), גילה ד"ר ברנדן קורט (Kohrt), מומחה עולמי לבריאות הנפש ומרצה בכיר באוניברסיטת דיוק, כי בריאותם הנפשית של הילדים אחרי המלחמה הייתה תלויה יותר באופן שבו משפחותיהם ובני כפריהם קיבלו אותם ותמכו בהם, מאשר במעשי הזוועה שהיו עדים להם או שחוו על גופם במהלך המלחמה. חיילים אמריקאים שחזרו משדות הקרב בעיראק ובאפגניסטן מדווחים על תופעה דומה. אפשר אולי לומר שתמיכת הקהילה מגדירה את בריאותנו הנפשית.

טראומה ועצב הם עול כבד מדי למשפחה. אני יודעת שמשפחתי הייתה עלולה בהחלט לקרוס אילו נעזבנו לנפשנו אחרי רצח בני. בערב הראשון אחרי הרצח, כשעליתי לחדרי, מצאתי על הכרית זר קטן של פרחי בר עם פתק מחברה. ברגע שבו שאלתי את נפשי למות, חייכתי, כי חברתי נכנסה לחדר ושידרה לי את אהבתה. כשבעלי החליט לנסוע לאמריקה לסבב הרצאות חמישה שבועות אחרי מות בני, עברה להתגורר בביתנו אביבה בת השש־עשרה, נערה מהקהילה. שכנים לא חדלו להביא לנו אוכל ולבקר. נשים מאפרת הביאו לנו ארוחות שבת במשך יותר

מחצי שנה. הקהילה תמכה, ערסלה וחיבקה אותנו, והעניקה לנו תחושה שאנחנו לא לבד.

בקיץ 2012 הגיעה למחנה קובי ילדה בת שלוש־עשרה בשם ליה, שאביה נרצח באינתיפאדה השנייה בידי ערבים שעבדו איתו באחד מאזורי התעשייה. ביום הראשון למחנה הבחינה רונית המדריכה כי ליה מגרדת משהו מתחת לשעון היד ושאלה אותה על כך. ליה סיפרה לה שהיא נוהגת לחתוך את עצמה. הפסיכולוג ומנהל המחנה שוחחו עם אימהּ, וזו ביקשה להשאיר אותה במחנה. הצוות הסכים לפקוח עליה עין. בסוף המחנה, כשהמדריכה וליה עלו לאוטובוס הביתה, ליה הסירה את השעון והראתה לרונית שהפצעים נעלמו. "הזמן לא מרפא אבל האהבה כן", אמרה למדריכה וחיבקה אותה.

חסד, מאור פנים אוהב, אכן יכול לרפא. במחנה קובי אנחנו נוהגים לחבק, והרבה. אנחנו מספקים לילדים גם טיפולים בעזרת דרמה, טבע, בעלי חיים. באחד הקייצים הייתה אצלנו ילדה בת עשר, מעיין, שאביה נפטר מסרטן. מעיין סבלה מגמגום כה קשה, עד שמדריכיה כמעט שלא הבינו אותה. בסוף המחנה נגמלה מהגמגום. בשובה הביתה לא האמינה אימה למשמע אוזניה, אבל בתה אכן דיברה ללא גמגום.

חסד ואחריות

על פי המיסטיקה היהודית, אלוהים ברא את העולם כדי שיוכל להעתיר על בריאתו את חיבתו. אילו היה לבדו, לא היה מי שיקבל את מתת הבריאה.

נבראנו בצלם אלוהים, והדחף הראשוני של אלוהים הוא חסד. לפיכך, כשאנחנו נוהגים בחסד, אנחנו פועלים בדרכו. כשאנחנו נוהגים בחמלה ובחסד, אנחנו מתקרבים אל העצמי האלוהי ביותר שבתוכנו.

זאת ועוד, החסד מאפשר לנו לנהוג בצדק. המילה צדקה נגזרת מצדק. כשהעולם אינו נוהג בהגינות, יכולים בני האדם לבוא ולתקן את העוול, להעניק לאחרים. חכמי התלמוד אינם רואים בעין יפה את מי שמשקיע את כל כולו בלימוד ואינו נוהג יפה בבריות. במדרש נאמר שהחסידה אינה נחשבת לעוף כשר מפני שהיא עושה חסד עם חברותיה, אבל אדישה לעופות אחרים.

הציווי לנהוג בחסד מרכזי כל כך, עד שאיננו אמורים רק להזדהות עם כאבו של הזולת אלא גם להשתתף עימו במצוקתו כאילו הייתה שלנו. אפשר ללמוד זאת מהאופן שבו מתאר הכתוב את מעשיו של משה בזמן שבני ישראל נלחמו בעמלק:

"וידי משה כבדים ויקחו אבן וישימו תחתיו וישב עליה".

וכי לא היה לו למשה כר אחת או כסת אחת לישב עליה? אלא כך אמר משה: הואיל וישראל שרויין בצער, אף אני אהיה עמהם בצער, וכל המצער עצמו עם הצבור זוכה ורואה בנחמת צבור.

(תענית יא ע"א)

השתתפות בכאבו של הזולת עשויה להניע אותנו לנקוט פעולה להקלת אותו הכאב. אולי אלוהים בחר במשה למנהיג העם, מפני שמשה נטל על עצמו מלכתחילה את האחריות להקל את סבלם של אחרים. אחד ממעשיו הראשונים והנועזים (והמזעזעים) כאדם צעיר היה להרוג מצרי שהכה אחד מאחיו העבדים העבריים. הוא לא רק השתתף בכאבם של אחרים, אלא גם עשה מעשה כדי להקל את הכאב הזה.

יש חשיבות לעובדה שבמונחים קבליים קיימת מילה נוספת שמשמעה חסד, והיא "גדולה". כשאנו מרחיבים את גבולות העצמי שלנו כדי לשרת את הזולת, אנחנו זוכים בחוסן רב יותר, מפני ששוב איננו מבודדים, מפני שנעשינו שזורים במארג הקהילה ונעשינו נדיבים יותר ברוחנו. אחדים מאיתנו עשויים לגלות שעם הזמן הם צומחים מבחינה רגשית ונעשים אנשים זמינים יותר, חומלים ורגישים יותר. מרכז הכובד שלנו משתנה, הגבולות מתרחבים ואנו מתקרבים יותר אל אנשים אחרים.

למעשה, היכולת לעשות חסד ולקבל חסד היא אולי הביטוי הטוב ביותר להיותנו בני אדם. הרב אליהו דסלר אומר בספרו **מכתב מאליהו** כי הדבר הקשה ביותר לאסיר הכלוא בבידוד אינו הבדידות אלא העובדה שבמקום שבו הוא נמצא אין הוא יכול לתת. הפסיכואנליטיקן אריך פרום סבור כי הצורך העמוק ביותר של האדם הוא להתגבר על נפרדותו, לצאת מהלבַד שבו הוא כלוא.

מקורו של החסד

מדוע נתינה וחסד חיוניים כל כך? אין מדובר רק בגישה של "תְּנוּ וְתִנָּתֵן לָכֶם", בהדדיות של קבלה בעקבות נתינה. הנתינה מקודשת מפני שכדי לעשות טוב עלינו להתקרב באמת לאלוהים. עלינו לצמצם את עצמנו ואת הנושאים המעסיקים אותנו באופן דומה לרעיון המיסטי של הצמצום האלוהי כתנאי מוקדם לבריאת העולם. הפסיכולוג ג'יימס הילמן אומר כי "הא־ל נדרש לברוא על ידי נסיגה: הוא צמצם את עצמו כדי ליצור את הלא־הוא, את האחר... ברמה האנושית, הסגת העצמי עוזרת לאחר להתהוות". כפי שהא־ל נדרש להחסיר מעצמו כדי לפנות מקום לבני האדם, גם אנו מוותרים על הנושאים המעסיקים אותנו כדי לשרת אחרים. אנחנו משתתפים בפעולה לטובת הכלל, אנחנו יוצרים תחושת אחדות עם האחרים ועם האלוהות.

מעשה זה אינו מוחק את זהותנו או ממעיט אותה, אלא מגדיל אותה. אנחנו מקילים את ייסורי הבידוד. אנחנו פורצים את הגבולות השבריריים המפרידים בינינו.

אפשר להניח שהיכולת לוותר על הנושאים המעסיקים אותנו נובעת מתחושה אישית עזה של ביטחון ושלמות. אך התיאולוג הנוצרי הנרי נואן (Nouwen) קובע בספרו The Wounded Healer ("המרפא הפצוע"), כי אדם המהווה נוכחות מרפאת מזהה את עובדת היותו שבור ובודד, ומכיר בתהומות המצב האנושי. כיוון שכך, יש לו האומץ לצלול אל תוך כאבו של הזולת כדי שיוכל להשתתף בו. מעתה הכאב אינו משתק ומבודד, אלא מעורר תחושה משחררת של תקווה מכוח החוויה המשותפת של היות האדם שבור ובודד. נוצרת כאן קהילה.

דמותו המקראית של אברהם היא בעיניי מופת להיבט נוסף וחשוב של חסד. גם סיפורו של אברהם נפתח בצמצום העצמי, שהרי זהו אדם שעזב את מולדתו ואת בית אביו כדי למצוא את עצמו ולמצוא את אלוהים. אבל בפרדיגמה זו של נתינה מודגשת האמונה בשפע האלוהי. אין זו דרישה להשתתפות בבדידות ובשבר, אלא חיוב והעברה של שפע, של הטוב הבלתי־מוגבל הקיים ביחסינו עם הנשגב, ואנו חשים בו באופן אינטואיטיבי. הנתינה היא מִנְחָה שאנחנו מעלים ומקורה באמונה בשפע האלוהי.

היזכרו נא בסיפור אברהם והמלאכים בספר בראשית. אברהם יושב כחום היום בפתח אוהלו וממתין לאורחים, אף על פי שהוא בן תשעים ותשע ומחלים מברית המילה שעשה לעצמו. כנפות האוהל פתוחות לארבע רוחות השמיים, כי למרות כאביו הוא מקווה לארח עוברי דרך ולכבדם בארוחה (בראשית יח). המדרש מלמד כי הקב"ה "הקדיח והרתיח" אותו יום בחום, כדי למנוע מאנשים לצאת לדרך ולחסוך מאברהם את הטרחה, אך אברהם אינו מוותר ומחפש אנשים שיוכל להאכילם, לארחם, לשרתם (הסיפור הזה מזכיר לי את תיאור המשיח היושב בשערי העיר הפתוחים כדי לזמן את עצמו לשירות בני האדם). וכל זאת ביום השלישי למילה, היום שבו הכאב גדול במיוחד, לדברי רש"י.

אברהם מטריח את עצמו (ואת אשתו) בהכנת מזון למלאכים. אלא שמלאכים אינם אוכלים. למה נועד מצב אבסורדי זה? המלאכים מספקים לאברהם את ההזדמנות לתת, לפעול בצלם אלוהים. דומה שאברהם אינו מזהה את עצמו כאדם חולה – הוא רואה את עצמו בראש ובראשונה כאדם של מעשים טובים, כנותן, לכן הוא זוכה לביקורם של המלאכים ולנוכחות האלוהית.

התורה מלמדת כי כשאנו מתעלמים ממגבלותינו במטרה לתת, אנחנו מתקיימים בתחום האלוהי. מעצם העובדה שהתעלמנו ממגבלות ומאילוצים, אנו חווים צורה של טרנסצנדנציה חסרת גבולות, חיבור אל האין־סופי. הנדיבות, שראשיתה בשבר,

צומחת לכדי תחושה מקיפה של כוליוּת, של ביטחון ושל אמונה בַּשפע. כל מפגש מזמן מגע עם האלוהות שאינה יודעת גבולות, הקיימת בליבנו ובלב הזולת.

טבעו של החסד

עם זאת, רבים מאיתנו אינם רוצים לבקש עזרה ואף מסרבים לקבלה, מפני שאינם רוצים להודות בחולשה, במצוקה או בהזדקקות. אם שכולה אחת אמרה לי שלעולם לא תבקש עזרה מאיש מפני שעליה לעמוד על שתי רגליה בכוחות עצמה. אין פלא אפוא כי המילה העברית חסד פירושה גם חרפה (מילים נדירות מסוימות בעברית מבטאות גם את היפוכן, תופעה בלשנית המכונה קונטרונים, contronym). האם נוכל להרשות לעצמנו לחוות את כוחו המרפא של החסד, או שמא אנו מהססים ליהנות מטובו?

אחרים יחושו אולי שהענקת חסד היא משהו בלתי טבעי, זר ומוזר. הם יחששו להתערב, להתקרב יותר מדי לאדם אחר. הם יפחדו לפלוש לפרטיות הזולת, יהססו לעזור שמא הזולת הסובל אינו רוצה כלל בעזרתם.

אך לפעמים, אחרי שאדם זכה לחסד גדול, קל לו יותר לתת, להסתכן בהושטת יד אל זולתו. גם אם אנשים כאלה לא היו

קודם לכן מהסוג החומל, החסד שקיבלו ממלא אותם ועולה על גדותיו. הם מבקשים להעביר זאת לאחרים. דומה שהם מרגישים בחוש את מה שכותב לואיס הייד: "רוח הנתינה ממשיכה להתקיים מעצם נתינתה המתמדת". החסד מטבעו נועד להיות מועבר הלאה.

האם נוכל לאפשר לנקודות החלשות והפגיעות שלנו, לפצעינו, לשרת בסופו של דבר אותנו ואת האחרים, כך שנוכל לטפח רוך, אותה תכונה רכה וגמישה של חסד ואהבה?

ללמוד שפה חדשה

יש אנשים שחוו שכול, הבוחרים להפנות עורף למי שיכולים לעזור להם, מפני שהם אינם מוכנים להסתכן ולשמוע משהו אכזרי או חסר רגישות. בתפקידי כמלווה רוחנית למדתי לפתוח רבות מהפגישות עם מטופלים במשפט הבא: "אם אומר משהו פוגעני, אמרו לי בבקשה ודעו שלא התכוונתי לפגוע".

השפה נועדה לאפשר קיומה של קהילה, אך לא פעם, אל נוכח תהפוכות דרמטיות בחיים, היא הופכת לעניין טעון. יש אנשים שאינם מסוגלים לשאת שפה יום־יומית, עיסוק בדברים של מה בכך, תלונות על טרדות קטנות. רבים חשים שאנשים אומרים

להם דברים מטופשים ועלולים להיכנע לפיתוי להתבודד – אלא שדבר כזה עלול דווקא להחריף את סבלם, למרבה הצער.

מי שחוו טראומה ושכול עלולים להתקשות גם לשתף אחרים בחווייתם, למצוא את המילים הנכונות, המתאימות, המסוגלות לתאר, לתחום ולהכיל את קשייהם. הסופר אהרון אפלפלד כתב ספרים רבים על תקופת השואה בניסיון להעביר לקוראים את הידיעה המטלטלת והמורכבת על מה שעבר עליו ועל אחרים.

כשאפלפלד היה בן שמונה ירו חיילים למוות באימו בחצר ביתם בבוקובינה. זמן קצר אחר כך נשלחו הוא ואביו למחנה ריכוז בטרנסניסטריה, שם הופרדו זה מזה. אפלפלד ברח מהמחנה והצליח לשרוד לבדו במשך שנים – הוא ליקט אוכל ביער, הסתתר באסמים, ולימים התגורר אצל איכרים בכפר. רק בשנות העשרים לחייו התאחד עם אביו בישראל. הוא כלל לא ידע שאביו שרד.

בספרו האוטוביוגרפי **סיפור חיים** כותב אפלפלד כי הוא "מעדיף את הגמגום, בגמגום אני שומע את החיכוך ואת האי־שקט, את המאמץ לִצְרוף את המילים מן הסיגים, את הרצון להושיט לך משהו פנימי. משפטים חלקים, רהוטים, מעוררים בי הרגשה של אי־ניקיון, של סדר המחפה על ריקנות".[1]

1 אהרן אפלפלד, **סיפור חיים**, כתר 1999, עמ' 95.

המקרא מספר שמשה היה כבד פה וכבד לשון, ואפשר אולי להבין כי בעקבות החוויות שעבר הוא חש צרימה ואי־שקט. כתינוק הוא גלה מביתו והונח בתיבה על היאור בעקבות הצו של פרעה להרוג כל תינוק עברי זכר. הוא ניצל בידי בת פרעה ונלקח לארמון, וגדל במנותק ממשפחתו. הוא הכיר מניסיונו את כאב השבר והעקירה.

מדענים מאשרים כי השפה עצמה ניזוקה כאשר אדם חווה טראומה. פרופ' דוד פלקוביץ' מישיבה־יוניברסיטי קובע כי מחקרים שבדקו קורבנות טראומה מלמדים על פגיעה במרכז השפה במוח, מרכז בְּרוֹקָה. יש קורבנות שתחת הלם הטראומה זקוקים תחילה לשקט – בדומה למנהג שבו המנחמים הבאים לשבעה אינם פותחים בשיחה אלא מחכים שהאבל ידבר. נדמה כמעט כאילו האָבל מושלך בחזרה אל המציאות הקדומה, בטרם היות העולם, בטרם היות השפה.

אולם, פרט למתי מעט, השתיקה הזאת קשה מנשוא למנחמים. רבים ייתנו עצות, יספרו לאבלים כמה זמן מותר להם להיות עצובים, ולאיזה מטפל כדאי ללכת, ומה הם אמורים לאכול ואיזה תה יקל את הצריבה בגרון. קשה להם לשאת את השתיקות והם ממלאים אותן במילים. למעשה, חלק גדול מהכשרתי לתפקיד מלווה רוחנית נועד ללמדני איך לשתוק, כיצד להיות נוכחת ולהקשיב לאדם בלי לקטוע את דבריו כדי למלא את הריקנות.

עם הזמן, גורם מרכזי בתהליך הריפוי הוא מציאת שפה שתוכל לתאר את החוויה ולהקיף אותה, ולחבר מחדש את האבלים לקהילה. בדיוק משום כך קבוצת תמיכה חשובה כל כך. אחרי הטראומה אנחנו מדברים שפה שונה מבחינות רבות, שפה טהורה יותר, שפה טעונה בכאב אך גם רגישה לדקויות.

להיות למורים

ביולי 2014 נחטפו שלושה נערים ישראלים, נפתלי פרנקל, גיל־עד שער ואייל יפרח, וכעבור 18 יום נמצאו מתים ליד חברון. למחרת פגשתי בחגיגת זבד הבת מכר רופא שאמר לי כך: "הנערים האלה לפחות נרצחו מיד במכונית. הם לא סבלו. את יודעת, נראה לי שהבן שלך סבל יותר".

הרגשתי כאילו אגרוף הוטח בבטני.

הייתי כה מופתעת, כה פגיעה. אבל אמרתי לו: "נדמה לך שאמירה כזאת יכולה לעזור לי?" הרופא הודה לי על שאמרתי לו מה אני מרגישה, אבל הדברים שאמר פגעו בעומק ליבי. לפעמים מכאיב מדי לשתף אחרים ברגשותינו, ולפעמים אנחנו מרגישים שהם פשוט לא מבינים.

שבועות אחדים אחרי הירצחו של קובי התלוננה באוזניי חברה שעליה ללכת לאספת הורים של בנה, שלמד בכיתה ח יחד עם

קובי. הרגשתי עצובה, מופתעת, מרוסקת, אך לא אמרתי דבר. אחר כך התחלתי לכעוס עליה. מה לא הייתי עושה כדי ללכת לאספת הורים של קובי! שוחחתי על כך עם תומכת רוחנית והיא אמרה: "לפעמים נכון להבהיר לאנשים שהדברים שלהם פגעו בך. את צריכה ללמוד להיות מורה".

אם נחשוב בדרך זו על כל פגיעה שהיא, נוכל להיות טובים לעצמנו – וגם לאחרים. לאמיתו של דבר, לא מדובר כאן בחוסר רגישות, אלא בחוסר הבנה. במקום להיפגע ולהיעלב, נוכל ללמד את האחרים להיות רגישים וחומלים יותר. במקום לבודד את עצמנו, נוכל לשתף אחרים בניסיוננו. אם נאפשר להם להכיר את העצמי הרגשי שלנו, ניצור עימם קשר עז יותר. ברור שלא נוכל להסתובב בעולם ולחנך את כולם – כוחנו לא יעמוד לנו. אבל כאשר מערכת יחסים מסוימת חשובה לכם, נסו לראות את עצמכם כמי שרכשו חוכמה, תובנה ורגשות שאותם תוכלו להעביר לאחרים. באמצעות שיתוף האמיתות הפנימיות שלכם, תוכלו לחזק את תחושת הקהילתיות עם האחרים וגם את יכולתם להבין. גם האינטליגנציה הרגשית שלכם תתחזק ותסייעו ליצירת חמלה בקהילה.

עבודת קודש

לפני שהמלאכים מבקרים את אברהם באוהלו, נגלה אליו הקב"ה

כדי לקיים מצוות ביקור חולים, ובכך נקבע התקדים המקראי המחייב אותנו עד היום לדאוג לחולים ולחלשים. אבל אברהם עוזב את הקב"ה ונפנה לטפל באורחיו, שלושת המלאכים. רש"י אומר שאברהם מבקש מאלוהים לחכות בעוד הוא יקבל את פני אורחיו. מחילופי הדברים האלה אנו למדים על חשיבותו הגדולה של החסד: הוא קודם אפילו לשיחה עם אלוהים.

רשב"ם, לעומת זאת, רואה במלאכים התגלמות של הא־ל, שליחיו. במהותו של דבר, אברהם מאכיל את אלוהים. אפשר אפוא להגדיר נתינה כטיפוח והזנה של הקודש הנמצא בתוכנו ובאחרים.

לא הכול מבינים שחסד יכול להיות צורה של עבודת קודש. שנים רבות קיימה קרן קובי מנדל ריטריטים של יומיים לאלמנות ולאימהות נפגעות טרור. הנשים, חמש־עשרה עד עשרים במספר, הוזמנו למלון ושם השתתפו בתוכניות טיפוליות שכללו תרפיה בריקוד ובאומנות, קבוצות תמיכה, עיסוי, יוגה והליכות על שפת הים. יום אחד ביקשה רעיית השגריר האמריקאי לכבד אותנו ולהצטרף לאחד מאותם ריטריטים. הכרתי לה את שירה צ'רנוביל, מלווה רוחנית ומטפלת בעיסוי, שהיא גם חברה טובה מאוד שלי. היא אמרה לשירה: "אני באמת מתפעלת מהעבודה שאת עושה. אני בטוחה שזה קשה מאוד. כל כך מתיש ומעיק. אין לי מושג איך את עושה את זה".

שירה השיבה: "עבורי קשה יותר לנהוג במונית כל היום, או לעבוד בטלמרקטינג. עבורי , העבודה הזו היא ממש כבוד, זכות גדולה להיות עם הנשים האלה בכאבן. זו עבודת קודש".

זכות גדולה היא להיות עם אנשים שנפתחים אליך בשעת כאבם. זכות גדולה היא למצוא בליבך את המקום של ההקשבה ושל הכנסת האורחים. מי שעוזר לאבלים צריך ללמוד לקבל מאחרים כדי לא להסתכן באובדן המאגרים הפנימיים. אך כשאדם עוזר לאחרים בכאבם, כולם מתכנסים יחד במקום מקודש של אהבה, דאגה ואמת.

לנהוג חסד גם בעצמנו

אם אתם מאשימים את עצמכם או את האחרים בבעיותיכם, ייתכן שלא תצליחו לזהות חסד גם כשתראו אותו בעיניכם, מפני שתהיו זהירים ומתגוננים מדי.

אפשר ללמוד מאנשים המסרבים לעסוק בהאשמות חסרות תועלת. פעם עבדתי עם פיזיותרפיסטית, אם לעשרה ילדים בסוף שנות הארבעים לחייה, שאובחנה כחולה בסרטן העצמות. רופא המשפחה אמר לה תחילה שכאבי הגב שמהם היא סובלת הם תופעה רגילה. היא חזרה אליו רק אחרי חודשים אחדים – זמן יקר שבוזבז לריק ועשוי היה להאריך את חייה. אבל היא אמרה

לי שהחליטה לא להאשים את עצמה ולא אחרים. מובן שהייתה שמחה אילו היה הרופא שולח אותה בדחיפות לבדיקות, אבל לא היה בדעתה להישאב ל"מה היה קורה אילו". לא עלה בדעתה לחיות את השנים שנותרו לה במרירות.

האשמה ואשמה אכן עלולות לשחוק את החוסן הנפשי. אחרי הירצחו של בני אמרתי לרב אברהם טברסקי שאני מרגישה אשמה שהבאנו את בננו לישראל, ליהודה, במקום להמשיך לחיות בסילבר ספרינג. הבאנו אותו לחלק מסוכן זה של העולם, ופחדינו הנוראים ביותר התממשו (כשאני כותבת מאמרים פוליטיים, טוקבקיסטים רבים עונים לי שאני אחראית לרצח בני. במקום להאשים את הטרוריסטים, הם מאשימים את הקורבן).

הרב טברסקי אמר שבסופו של דבר נוכל להתמודד עם האבל, אבל אם נניח לאשמה להציף אותנו, היא עלולה להרוג אותנו. בשנים שלאחר מכן הבנתי שכדי להתגבר על תחושת האשמה עלינו להשתדל לסלוח לעצמנו, והסליחה העצמית הזאת מתחילה באהבה - אהבה לעצמנו, למשפחתנו, ולאלוהים שברא עולם שיש בו סבל. זוהי כמובן השאלה המרכזית של התיאודיציה (הצדקת הא־ל): מדוע אנשים טובים סובלים? משה מבקש לראות את כבודו של אלוהים, והתשובה שהוא מקבל היא "וְרָאִיתָ אֶת אֲחֹרָי וּפָנַי לֹא יֵרָאוּ" (שמות לג, כ–כג). במילים

אחרות, לא נוכל להבין את הצדק האלוהי או את רחמיו. את המשמעות נוכל לחפש רק במבט לאחור.

אבל גם אם איננו מסוגלים לראות את אלוהים, אנחנו מסוגלים לראות זה את פניו של זה. האהבה והחסד שנקבל יסוככו עלינו אולי מפני הכאב, כשאלוהים נדמה מרוחק כל כך.

ארתור, אחיה של גרדה וייסמן קליין, יצא למלחמה ב־1939, והיא הבטיחה לו שתטפל בהוריהם. גרמניה פלשה לפולין ואחיה גויס לצבא הגרמני. היא לא שבה לראותו והוריה נספו במלחמה, אבל היא לא זנחה את התקווה חסרת השחר שאחיה ישוב ויופיע ביום מן הימים ויאמר לה שעשתה עבודה טובה. כעבור שנים קרא ראש הממשלה מנחם בגין את ספרה, פנה אליה ואמר: "זמן רב רציתי לפגוש את אחותו הקטנה של ארתור".

היא פרצה בבכי, והוא אמר: "היית אמיצה מאוד". בגין שיבח אותה בשבח שכמהה לשמוע. בעקבות זאת היא חשה כאילו חבש מישהו את פצעה הממשיך לדמם. בגין הצליח לעזור לה לרפא פצע מן העבר באמצעות מחווה אוהבת שסיפקה לה את העידוד ואת הנחמה שביקשה לקבל שנים כה רבות.

קול פנימי אוהב

בני המזל שזכו לגדול אצל הורים מיטיבים שדאגו לטפחם

ולהזינם, מסוגלים בדרך כלל לעמוד טוב יותר בפני טראומה, מפני שהפנימו קול חומל, קול של חסד. בתוכם שוכן קול של נחמה. כיוון שכך, רבים יותר הסיכויים שיוכלו להעניק חסד ולקבל חסד, ויאפשרו לעצמם להיות חלק אהוב בקהילה.

הורות חסרת ביטחון מייצרת בוגרים שרבים סיכוייהם לחוש עוינות או ניכור. במחקר שבדק ניצולי שואה חמישים שנה אחרי מלחמת העולם השנייה, גילתה ד"ר ננסי איסרמן, שניצולים שחוו בילדותם הורות בטוחה רואים עצמם פחות שונאים ונוקמים מאלה שחוו קשר פחות חזק עם הוריהם.

אני מבינה שהאהבה ללא תנאי שקיבלתי מהוריי עזרה לי להתמודד עם רצח בני מפני שהקנתה לי תחושה של ערך עצמי בכל מצב. עם זאת, גם מי שלא חווה הורות כזאת, יוכל לנהוג כלפי עצמו בחסד, לאהוב את עצמו. הוא לא יוכל לחזור לאחור ולקבל הורים שהקשר עימם יהיה חזק יותר, אבל עדיין יוכל להחליט לנהוג כלפי עצמו ברוך ובחסד, לעמוד על כך שיש לו ערך ויהי מה.

כדי לעשות זאת נחוץ אומץ לב. אפשר לפנות לאחרים, אפשר לפנות לעזרה מקצועית, אפשר להצטרף לקבוצת תמיכה – למצוא אנשים המסוגלים להזין את נפשנו. יהיו שיעדיפו יוגה או שחייה או ריצה או הרמת משקולות כדי

להשתחרר מכאב האובדן. יהיו שירגישו אולי צורך לפנות לעצמם זמן – רגעים או שעות – לשבת ולהרהר, ויהיו שירצו לקרוא תהילים או ללמוד בחומש. יהיה אשר יהיה הדבר שיתאים לכם, עתה הוא הרגע לתת אותו לעצמכם.

חיבור והמשכיות

אפשר להרחיב את הגדרת הקהילה מעבר לאנשים הקרובים אלינו. קהילה עשויה להיות גם חיבור לאנשים רחוקים, והיא יכולה להיות גם יחסים עם עברנו, עם ההיסטוריה שלנו, עם מורשתנו, עם מי שהלכו לפנינו והעשירו אותנו בחוכמתם. איננו לבדנו בעולם – אנחנו חלק משרשרת ארוכה.

כשאני מתפללת מתוך הסידור אני חושבת לפעמים על כל האנשים שאמרו לפניי את אותן תפילות ועל כל האנשים סביבי שעדיין אומרים את אותן תפילות, ועל אלה בעתיד שימשיכו לחוש את אותן מילים. התפילות מספקות חיבור והמשכיות, הן מקור לחוסן.

אילן רמון היה גיבור לא רק מפני שהיה האסטרונאוט הישראלי הראשון, אלא גם מפני שחש אחריות לגלם את הנוכחות היהודית בחלל כדי לייצג את הקהילה ואת ההמשכיות של העם היהודי. ב־2003, במהלך מסעו לחלל על סיפון הצ'לנג'ר, הוא

אכל ארוחות כשרות מיוחדות ושמר שבת בחלל על פי שעון קייפ קנדי.

אמו הייתה ניצולת אושוויץ, ולכן היה חשוב לו במיוחד לקחת עימו פריטים בעלי משמעות יהודית לצד פריטים שהזכירו את השואה. היו אלה ספר תורה ממוזער, מזוזה אומנותית עשויה חוט תיל, שטר של דולר מהרבי מלובביץ' והעתק הרישום "נוף מהירח" של פטר גינז. את הרישום הזה של כדור הארץ במבט מהירח ראה בסיור שערך במוזיאון האומנות ביד ושם לקראת טיסתו לחלל. פטר גינז, נער בן ארבע־עשרה מפראג, צייר אותו כשהיה כלוא בגטו טרזינשטט. שנתיים אחר כך נרצח באושוויץ. הצ'לנג'ר התרסקה ב־1 בפברואר 2003, היום שבו היה פטר גינז אמור לחגוג את יום הולדתו השבעים וחמישה. כמעט כל מה שהיה במעבורת נשרף, אבל 37 דפים מיומנו של אילן רמון נמצאו, כמה מהם במקום בשם פלסטיין, טקסס.

אותה התרסקות הביאה לגילוי יומן נוסף, היומן שכתב פטר גינז בשנים 1941–1942 לפני גירושו לטרזינשטט. בעקבות הרעש התקשורתי שהתלווה להתרסקות מעבורת החלל, אדם שניקה את דירתו בפראג אחרי דייר שעזב, מצא את יומנו של פטר ונוכח שגילה מסמך חשוב. הוא יצר קשר עם אחותו של פטר, חוה פרסבורגר, שחיה עתה בישראל, וממרחק שישים שנה קראה חוה את מה שאחיה כתב בנערותו. לימים פורסמו היומנים

בצ׳כיה ותורגמו לאנגלית, לעברית ולשפות אחרות. הרפובליקה הצ׳כית הנפיקה בול ועליו הרישום "נוף מהירח" עם תצלומו של פטר גינז. היומן שכתב פטר גינז בחדרו בפראג והמחשבות שהעלה על הכתב בהיותו בן ארבע־עשרה דילגו פתאום מעל עשרות שנים ומצאו הד בעולם.

אחרי שקראתי את יומנו של פטר גינז צלצלתי לחוה פרסבורגר, ובני דניאל ואני נסענו לפגוש אותה ואת בעלה ביישוב עומר. ישבנו בסלון והיא הוציאה שתי מחברות קטנות מעטיפותיהן כאילו חשפה לעינינו אבן חן יקרה.

בהקדמה שכתבה ליומן מספרת חוה שכאשר קראה את הדברים שכתב פטר שישים שנה קודם לכן, היא הרגישה "שפטר לא מת באמת. נדמה היה לי שהוא חי אי־שם בנצח, והוא מבשר לי על כך באמצעות המסר המסוים הזה".

התלכדות גורמים זו – הטיסה לחלל, רישום כדור הארץ במבט מהירח בידי נער שנרצח באכזריות, היומן שהתגלה פתאום – נתנה תוקף דרמטי לחיבור המתמשך, החורג מגבולות הזמן והמרחב. זוהי דוגמה נוספת לכוחה של קהילה מורחבת.

ב־1977 נידון מתנגד המשטר הסובייטי נתן שרנסקי לשלוש־עשרה שנות מאסר על ריגול לכאורה לטובת אמריקה. אשתו אביטל, שכבר עלתה לישראל, ניהלה מאבק בלתי פוסק

לשחרורו. בעקבות לחץ בין־לאומי שוחרר שרנסקי ב־1986, אחרי תשע שנים בכלא, ועלה מיד לישראל.

ב־2006 ערכה קרן קובי מנדל מחנה קיץ מיוחד לילדים שגורשו מבתיהם בגוש קטיף בקיץ 2005, בעקבות הנסיגה מהיישובים ברצועת עזה. באופן טבעי היו הילדים הללו מלאי כעס על ממשלת ישראל שפינתה אותם בכוח מבתיהם, טלטלה את חייהם ועקרה אותם, את קהילותיהם ואת פרנסת הוריהם.

אביטל שרנסקי עבדה אז כפסיכולוגית במחנה, ונתן הגיע לבקר. הוא שוחח עם קבוצת הילדים ודיבר על מאסרו בברית המועצות. הוא סיפר כי לא פעם הוכנס לבידוד, אבל סירב להיכנע לכוחם של הסוהרים. הוא לא רצה לגרום סיפוק לשוביו. בהיותו שחקן שחמט מחונן הוא ניהל בראשו משחקים שלמים, וגם קרא בספר התהילים שנתנה לו אביטל. הוא והאסירים האחרים גם מצאו דרך לתקשר ביניהם בהקשה על קירות התאים באמצעות צופן מורס.

יום אחד, במאי, חל יום הזיכרון לחללי צה"ל, והאסירים, באמצעות הקשות בצופן מורס, קבעו ביניהם לקיים יחד רגע של דומייה לזכר הנופלים. נקל לדמיין את עוצמתו של רגע זה. גם בהיותם מבודדים בכלא סובייטי הם הצליחו להתעלות מעל מצוקתם וסבלם ולהתחבר אל העם היהודי ואל ההיסטוריה

היהודית. שנים אחר כך נכח שרנסקי כשר בממשלת ישראל בטקס הרשמי של יום הזיכרון בהר הרצל בירושלים. אבל, כפי שאמר לנו אז במחנה הקיץ, אותה דקת דומייה בכלא הייתה הציון המשמעותי והחשוב ביותר בעיניו של יום הזיכרון.

כשאחד מילדי המחנה שאל אותו איך הצליח לשרוד בגולאג בתנאים כה קשים, השיב שרנסקי שידע בכל מאודו שיום אחד יבוא העם היהודי להציל אותו. אני סבורה שהוא רצה להעביר את אמונתו הבלתי־מעורערת בעם היהודי לאותם ילדים, שגורשו מבתיהם בידי חיילים ישראלים וחשו נבגדים על ידי ממשלתם. הוא האמין שהוא חלק מקהילת אנשים שלא יחדלו ממאמציהם לשחררו, קהילת אנשים שמעולם לא פגש, ממקומות שונים ברחבי העולם, שחשו מחויבות לפעול כדי לוודא שירגיש שלעולם לא יהיה לבד.

יצירת קהילה

הרב אברהם טברסקי הזהיר את בעלי ואותי שלא להמשיך להתבודד אחרי האובדן, כדי שלא נאבד את חדוות הקשר עם אנשים אחרים. הוא הפציר בנו להמשיך ללכת לחתונות ולמסיבות, להמשיך לחיות.

אנשים רבים מרגישים בודדים מאוד כשאינם נמצאים במסגרת

קהילה בתקופות קשות. איבון, מעצבת אופנה בת 46, הייתה נשואה שש־עשרה שנה, ואחרי גירושיה לא הוזמנה אף פעם לחגים או לארוחות שבת אצל בני הקהילה. איש לא הבחין בתחושת הנטישה שחוותה – לא רק מצד בעלה אלא מצד הקהילה כולה.

לעיתים, בהיעדר קהילה מוטל עלינו ליצור אותה. וייתכן שדווקא אנחנו, בגלל מה שחווינו, מתאימים יותר מכול ליצור את הקהילה הזו עבור אחרים. כמו אסתר המלכה בסיפור המגילה, אנחנו נקראים לפעולה. אסתר קיבלה זכות גישה פרטית אל המלך בדיוק ברגע שהמן יעץ לו לאבד ולהשמיד את כל היהודים בארצו, והיא ששכנעה את המלך לבטל את הצו של המן. "וּמִי יוֹדֵעַ אִם לְעֵת כָּזֹאת הִגַּעַתְּ לַמַּלְכוּת", מזכיר לה דודה מרדכי.

כשאנחנו מתייצבים לצד אחרים במסגרת קהילה, אנחנו עשויים לגלות שכאבנו נעשה מקור לחוסן לא רק לנו אלא לאנשים סביבנו. החמלה שנולדה בנו מאפשרת לנו להיות עם אחרים בכאבם ובבדידותם, ועוד יותר מכך, ליצור תחושה משותפת של תקווה.

שאלות

- מהי בעיניכם המשמעות של קהילה?
- האם אתם יכולים לזהות בתוככם קול פנימי של חסד? מה לוחש לכם הקול הזה?
- תארו אדם או אנשים שנהגו בכם בחסד, מי הם היו? איך נהגו בכם? מה אמרו או עשו?
- כלפי מי נהגתם במידה מיוחדת של חסד? איך הייתה החוויה הזאת?
- איזה חסד הייתם רוצים שייעשה לכם? מהו סוג החסד הדרוש לכם?
- על איזה חסד אתם יכולים להודות למשפחתכם?
- על איזה חסד אתם יכולים להודות לקב"ה?
- כיצד אתם מתפללים לנתינה ולקבלה של חסד?
- האם עזר לכם פעם מישהו שאִפשר לכם לבוא במגע עם הרגשות הכואבים ביותר שלכם?
- האם אתם חיים כחלק מקהילה בעיר או בעבודה? האם יש קהילה שתוכלו להצטרף אליה, או קהילה שתוכלו ליצור?

פרק שלישי

בחירה

אין דבר ישר יותר מסולם עקום.
הרבי מקוצק

היום שבו התבשרנו שבני נרצח... אינני אוהבת לחשוב על היום ההוא. אבל אני יודעת שבאותו יום אחר הצוהריים בחרתי איזה כובע אחבוש להלוויה. שכבתי במיטה שבורת לב, ובכיתי. חשתי משותקת, שאלתי את נפשי למות. לא ידעתי איך נמשיך לחיות. הרגשתי שהעולם כולו נחרב, התנפץ. חשבתי שכאשר אצא מהבית השמיים יהיו ירוקים, הדשא כחול, העולם כולו יהיה שונה מכפי שהיה.

בשביל כל האחרים העולם נהג כמנהגו. אבל לא בשבילי. לא בשביל בעלי וילדיי. ובכל זאת, אני זוכרת שבחרתי את צבע הכובע. אני זוכרת שחשבתי לעצמי כמה דוחה העובדה שאכפת לי מדבר כזה, שאני כה גנדרנית ומגוחכת, ובה בעת הרגשתי בחוש שהאכפתיות הזאת עשויה להציל אותי. בחירת צבע הכובע הוכיחה לי שלא איבדתי כל שמץ של רצון. הרגשתי מרוסקת, אבל הייתי עדיין בחיים.

למעשה, גם כשמרגישים שאין כל ברירה, עדיין יש לנו דבר מה שאנחנו יכולים לבחור. אולי נבחר לאפשר לאחרים לעזור לנו, אולי נבחר להביט בעין יפה באחרים ובעצמנו, להעריך את מה שיש לנו. פעולת הבחירה מאפשרת לנו לצלוח ביתר קלות תקופות של דחק וטראומה, שבהן אנחנו מרגישים שאיבדנו כל שליטה. אך הבחירה העמוקה יותר היא היכולת לזהות את הקב"ה בחיינו – להאמין שהוא נוכח בכאב הזה. ההרחבה הזאת של העצמי, שלפעמים זקוקה להבנה שונה של האלוהות, היא מרכיב מפתח בפיתוח החוסן הנפשי.

החופש לבחור

אחד העיקרים המרכזיים בתיאולוגיה היהודית הוא רעיון הבחירה החופשית. הדבר הראשון שאלוהים אומר לאדם הוא האיסור, "וּמֵעֵץ הַדַּעַת טוֹב וָרָע לֹא תֹאכַל מִמֶּנּוּ" (בראשית ב, יז), אבל לאדם ניתנה החירות לבחור גם שלא לציית, וללכת אחרי ליבו ואחרי עידודה של חוה. האוטונומיה שלנו, יכולתנו לבחור, מגדירה אותנו משחר האנושות כבני אדם חופשיים.

הקב"ה אומר לנו: "הַחַיִּים וְהַמָּוֶת נָתַתִּי לְפָנֶיךָ, הַבְּרָכָה וְהַקְּלָלָה, וּבָחַרְתָּ בַּחַיִּים" (דברים ל, יט). הוא מפציר בנו לבחור בחיים, אבל ההחלטה הסופית נתונה בידינו. עם זאת, הבחירה מורכבת ופרדוקסלית, מפני שאם הא־ל יודע־כול, הרי הוא יודע כיצד

יתפתח סיפורנו. אף על פי כן, אנחנו חופשיים לבחור את עלילת חיינו, את הדרך שבה נפליג דרך סיפורי חיינו. הקב"ה אינו זקוק לבחירה שלנו כדי לקבוע כיצד יסתיים סיפורנו. הוא רוצה שנבחר כדי שנוכל ללטש את אופיינו ואת אישיותנו, כדי שניעשה דומים יותר לו, כדי שנהיה נדיבים יותר ברוחנו, שנוכל ליצור צדק בעולם ולתת את ליבנו לצורכיהם של החלשים והנזקקים.

היהדות מדגישה שוב ושוב את עליונות הבחירה. אנחנו מסוגלים אף לבחור ברגשותינו ולשלוט בהם. לשם כך עלינו להתאמץ – זה לא קל, אבל אנחנו יכולים להיות אחראיים לרגשותינו. בתשעה באב, למשל, אנחנו נדרשים לבחור לחוש עצב גם אם יום קודם לכן בדיוק זכינו להתאהב; בפורים אנחנו מצווים לשמוח גם אם נכשלנו בבחינת ההסמכה לרבנות; ובשבת אנחנו אמורים לנוח ולהירגע גם אם עבר עלינו שבוע של חוויות רגשיות עזות. עלינו להכשיר את עצמנו באמצעות לימוד ומעשה להיות מסוגלים לשנות את הרגשותינו ולהתאימן לאווירה הרוחנית הנדרשת באותו יום. היהדות היא דת המחנכת אותנו לבגרות רגשית ולשליטה רגשית.

לא פעם מושגת בגרות זו בזכות עזרה שאנחנו מקבלים. לדוגמה, בשלושת הרגלים – סוכות, פסח ושבועות – אנחנו מצווים לשמוח. איך אפשר לצוות על אדם להיות שמח? הינה תשובה אחת: בחגים האלה נהגו בני ישראל לעזוב את בתיהם ולעלות

לרגל למקדש בירושלים. התכנסות זו של אנשים, התלכדות זו, תחושה זו של קהילתיות ואכפתיות, הולידו שמחה.

גבולות השליטה

הבחירה עשויה לספק תחושת שליטה, אבל לפעמים הרצון לשלוט עלול לערער אותנו. אפשרויות בחירה רבות מדי עלולות להפריע לקבלת החלטות. פרופ' שינה איינגר (Iyengar) מציינת שיותר מעשר אפשרויות בסופרמרקט עלולות לשתק את קבלת ההחלטות הצרכניות, וכי שפע אפשרויות אינו מסמל חירות רבה יותר.

זאת ועוד, פעמים שיש דווקא צורך להסס, להיות נחושים פחות, ללכת צעד אחד לאחור ולהמתין לפני שבוחרים. בהפטרה של חנוכה אומר הקב"ה לזרובבל: "לֹא בְחַיִל וְלֹא בְכֹחַ כִּי אִם בְּרוּחִי אָמַר ה' צְבָאוֹת" (זכריה ד, ו). כשאנחנו בוחרים בין אפשרויות שונות, עלינו להבחין בין כוח לבין רוח ולהקשיב לאינטואיציה כדי שנחוש את המצפן הפנימי, או את הרוח, המדריכים אותנו. לפעמים עלינו להתעקש, להשתמש בכוח הרצון, כדי להשיג את יעדנו, אבל לפעמים כל האנרגיה הזאת תהיה כמעט לריק. במקרה כזה, מוטב לנו להתעכב, להמתין להנחיה, להתמסר לאי הידיעה. לא פעם, למשל כשאני כותבת, אני מרגישה שאולי, במקום לדחוק בעצמי להמשיך לעבוד, כדאי לי להפסיק, לצאת

להליכה, לבשל, ופתאום צץ רעיון בראשי. פתאום מופיעה בהירות.

הבחירה יכולה לספק לנו הגנה פסיכולוגית, בעיקר בזמן טראומה – גם כשאין בכוחה להציל אותנו. במהלך צוק איתן בקיץ 2014 הורו לנו איך להתגונן במקרה של התקפת טילים: עם הישמע האזעקה עלינו לרוץ למקלט, ואם אנחנו בנסיעה, עלינו לעצור בצד הדרך ולשכב ארצה כשזרועותינו מסוככות על ראשינו. אחרי הרצח הטרגי של 27 ילדים ואנשי צוות בבית הספר היסודי סנדי הוק בניוטון, קונטיקט, יעץ אחד המומחים להורים לשוחח עם ילדיהם המבוהלים על הצעדים שיש לעשות במקרה של אירוע ירי או טרגדיה אחרת. הילדים יסתתרו בשעת סכנה מתחת לשולחנותיהם או מתחת לשולחן המורה. הם יוכלו גם לנסות לצלצל להוריהם. עצם הידיעה שביכולתם לבחור התנהגות מגוננת (גם אם אין ערובה שתציל אותם מפגיעה) עוזרת לילדים להתמודד עם הפחד והאימה.

הפסיכולוג אלברט בנדורה, פרופסור באוניברסיטת סטנפורד שחקר את תחום המסוגלות העצמית, האמונה של אנשים ביכולת השליטה שלהם, מאשר כי "מספר גדול של מחקרים הראו כי תפיסה של שליטה אישית קשורה במגוון תוצאות חיוביות, כמו בריאות גופנית ונפשית משופרת, תחושת בריאות פסיכולוגית ותמותה נמוכה יותר".

חוקר השואה טרנס דה פְּרֶה (Des Pres) קובע כי אסירות אושוויץ שבחרו לדאוג להופעתן החיצונית במידת האפשר בתנאי המחנה, שרדו בשיעור גבוה יותר מנשים שוויתרו על הדאגה לעצמן. מובן שבמחנות הריכוז לא הייתה לנשים שליטה רבה על חייהן, אבל הבחירה הפשוטה להתרחץ, מעשה של כוח רצון ושל התרסה, סימלה בחירה נחושה של הנשים לשמור על אנושיותן ולהישאר בחיים.

ישנן גם תקופות שבהן שום בחירה לא תוכל להגן עלינו. כשאנחנו מאבדים אדם יקר, אנחנו יודעים שאין לנו כל שליטה ושאיננו אחראיים לדבר, אבל אנחנו יכולים ללמוד שבוויתור על השליטה אנחנו חווים בחירה במובן שונה. סיפור של המגיד מדובנא (הרב יעקב בן זאב קרנץ, שנולד סמוך לווילנה ב־1741), מלמד אותנו את סודו של תהליך זה:

> היה היה נסיך שרצה להיות אלוף קליעה בחץ וקשת. יום אחד עבר בכפר אחד באמצע תחרות קליעה. הוא עצר לבחון את יכולת הקליעה המופלאה של המתחרים, שאחד מהם ניחן בכישרון מופלא לקלוע היישר למטרה. הנסיך ביקש לדעת מה סודו. "פשוט מאוד", השיב האיש. "תחילה אני יורה את החץ, ואז מצייר סביבו את המטרה".

תחילה אני יורה את החץ, ואז מצייר סביבו את המטרה.

לפעמים נרגיש שהחץ ששיגרנו אל העולם החטיא את המטרה שאליה כוון, אך בידינו הכוח להעביר את המטרה ולציירה סביב המקום שבו ננעץ החץ. נוכל להרחיב את רצוננו אל אותו הדבר שלא אליו כיוונו. או אז נוכל לראות את אירועי חיינו כהשגחה עליונה: בדרך כלשהי המקום שבו אנו נמצאים הוא המקום שבו עלינו להיות.

לבחור להאמין

להאמין פירושו לתת מקום לא־ל בסיפורנו. האם נוכל להאמין שהא־ל מוביל אותנו גם כאשר נדמה שהוא שולח לנו צרות חסרות פשר? האם נאמין שהא־ל מנחה את דרכנו גם כשהדרך חשוכה עד כדי כך שאין בה לכאורה שמץ של אור?

יש הסבורים שאמונה אינה בחירה, שיש אנשים הזוכים בדרך פלא לחוש את הא־ל בחייהם. אבל אמונה היא אולי הבחירה המהותית ביותר שאנו בוחרים, בחירה שעלינו לשוב ולבחון ללא הרף, כפי שנאמר בגמרא, "הכל בידי שמים חוץ מיראת שמים" (ברכות לג ע"א).

המילה 'אמונה' מבוססת על השורש שממנו נגזר גם המושג 'אימון'. האדם צריך לשקוד על האמונה. זו איננה מתנה שניתנת לנו, אלא שריר שיש לתרגל ולהפעיל אותו ללא הרף בכוח הרצון.

מובן מאליו שהאמונה בא־ל עלולה לפעמים להיות מאתגרת מאוד. איך אפשר להאמין בחסד האלוהי כאשר הא־ל מכאיב לנו כל כך? הרב הרולד קושנר טוען בספרו **כשדברים רעים קורים לאנשים טובים**, שאלוהים בוחר להיעדר כשמשהו רע קורה - כך לדוגמה, אין לו כל קשר עם השואה. השואה היא פרי מעלליהם של רשעים.

אני חולקת על קושנר. אם אלוהים אינו אחראי, הרי כוחו מוגבל - בעוד שעל פי ההגות היהודית־המסורתית כוחו ממלא את העולם ומפעיל אותו. אלוהים אחראי אפילו לתנודה של העלה. אלוהים הוא העולם, אבל העולם איננו אלוהים. אלוהים נמצא מעבר ליכולת ההבנה שלנו, הוא הראשית והאמצע והאחרית, הוא יוצר הבריאה. הווייתו מתעלה מעלינו ובה בעת גם ממלאת את כולנו.

אם אני מצליחה למצוא את אלוהים בעיצומו של הצער שאני חווה, קל לי יותר להאמין שאלוהים נוכח גם ברוע, ושהעולם גדול מכפי שאני יכולה לקלוט. סבלי אינו לשווא. מות ילדי לא היה חסר פשר. אינני מבינה אותו, אבל הבחירה להאמין שיש לו משמעות פירושה שעולמו של אלוהים מורכב, עצום ורב ממדי מכפי שאני מסוגלת להבין.

כדי למצוא את אלוהים בתוך הסבל נחוש אולי שעלינו לשנות

את האופן שבו אנחנו תופסים אותו. על פי הרב יוסף דוב סולוביצ׳יק, המפגש עם הא־ל איננו רק חוויה גדולה ומאושרת אלא גם חוויה מטלטלת ומחרידה. כאשר משה עולה לראש ההר לקבל את התורה, הוא חווה את "מַרְאֵה כְּבוֹד ה׳ כְּאֵשׁ אֹכֶלֶת" (שמות כד, יז). עם קבלת עשרת הדיברות בהר סיני העם רואה את ההר עשֵׁן ורועד: "וַיֶּחֱרַד כָּל הָהָר מְאֹד" (שם יט, יח). המדרש מספר כי נשמות העם פרחו בשומעם את הא־ל מדבר. החוויה של מתן תורה הייתה כרוכה באש, בסכנת הכחדה לנוכח עוצמתו של הקב"ה. הרב שמשון רפאל הירש אומר: "האלוהות, הרוצה לקבוע את דירתה בתחתונים, והחפצה להימצא פה, תמיד מציגה את עצמה תחילה כאש".

אלוהים אינו נוכח רק בְּרוגע. בשונה מפילוסופים יוונים, כמו אפלטון ואריסטו, שראו את הא־ל בהרמוניה וביופי, היהדות רואה את הא־ל נוכח גם בכאוס ובקטסטרופה, כשהוא מתַקשר במה שהרב יוסף דוב סולוביצ׳יק מכנה מערכת ה"ברית". המערכת הקוסמית של הטבע מתנהלת ב"סדר ורציפות שאינם ניתנים לשינוי", בהיגיון וביופי גלויים לעין, נתפסים בחושים, הרמוניים (**מן הסערה**, תל אביב 2004, עמ׳ 116). מערכת הברית, לעומת זאת, היא דיאלוג אפוקליפטי שבו אלוהים נוכח בתהום, בריק, בתוהו ובוהו.

בעבר, בתפקידי כמלווה רוחנית, עבדתי עם אישה ששהתה

לצד תינוקה בבית החולים. היא כבר איבדה תינוק בגלל מחלה גנטית, וסיכוייו של התינוק החדש לא היו גבוהים. היא סיפרה לי שתמיד הייתה אישה מאמינה, אבל אחרי מות תינוקה הבינה שהאמונה מתחילה באמת כשהתפילות אינן נענות, כשהצרכים והחוסר אינם מתמלאים, כשהאדם מאבד כל תחושת שליטה. האמונה מושגת כשהאדם מאמין שאלוהים פועל מתוך חמלה ואהבה גם כשנדמה שההפך הוא הנכון – למרות מה שעינינו רואות בעולם הזה, שבו לא פעם קורים דברים נוראיים לאנשים תמימים שמגיע להם יותר.

היהדות מלמדת אותנו שאלוהים הוא א־ל קנא אך אוהב. ברבים מהטקסטים ומהתפילות מודגשת אהבת הא־ל אלינו: "אָהַבְתִּי אֶתְכֶם, אָמַר ה'" (מלאכי א, ב); בספר דברים מוזכרת המילה "אהבה" 23 פעמים; בברכות הקודמות לקריאת שמע של שחרית אנחנו אומרים "אַהֲבָה רַבָּה אֲהַבְתָּנוּ ה' אֱלֹהֵינוּ"; ובקריאת שמע עצמה אנחנו מצהירים על מחויבותנו לאהבת השם: "וְאָהַבְתָּ אֵת ה' אֱלֹהֶיךָ בְּכָל לְבָבְךָ וּבְכָל נַפְשְׁךָ וּבְכָל מְאֹדֶךָ".

אבל בתחילת התפילה אנחנו עוצמים את עינינו. אנחנו מרחיקים את עצמנו ממה שאנחנו רואים רק בעינינו, ממה שעלול להסיטנו מן הדרך. אנחנו מזכירים לעצמנו שאל לנו להעריך את אהבת השם אך ורק על פי הראיות החזותיות בעולם הזה, שבו קשה לאדם לתפוס את הצדק המוסרי.

הערכה

ברכות השחר מזכירות לנו שאנו יכולים לבחור להכיר בטוב היום־יומי המקיף אותנו:

בָּרוּךְ אַתָּה ה' אֱלֹהֵינוּ מֶלֶךְ הָעוֹלָם פּוֹקֵחַ עִוְרִים.

בָּרוּךְ אַתָּה ה' אֱלֹהֵינוּ מֶלֶךְ הָעוֹלָם מַלְבִּישׁ עֲרֻמִּים.

בָּרוּךְ אַתָּה ה' אֱלֹהֵינוּ מֶלֶךְ הָעוֹלָם מַתִּיר אֲסוּרִים.

בָּרוּךְ אַתָּה ה' אֱלֹהֵינוּ מֶלֶךְ הָעוֹלָם זוֹקֵף כְּפוּפִים.

הבחירה להעריך את הטוב אינה פשוטה. את התורה עצמה אפשר לקרוא כמסכת של תלונות. אחרי שבני ישראל נושאים עימם את כלי הזהב וכלי הכסף ששאלו משכניהם המצרים ועדים לבקיעת הים ביציאת מצרים; אחרי שהם רואים במדבר את הניסים ואת האותות והמופתים לחסדו הישיר של הקב"ה; אחרי שהם הולכים אחרי עמוד הענן ועמוד האש – אחרי כל אלה הם מתלוננים על הרעב במדבר: "מִי יִתֵּן מוּתֵנוּ בְיַד ה' בְּאֶרֶץ מִצְרַיִם, בְּשִׁבְתֵּנוּ עַל סִיר הַבָּשָׂר, בְּאָכְלֵנוּ לֶחֶם לָשֹׂבַע, כִּי הוֹצֵאתֶם אֹתָנוּ אֶל הַמִּדְבָּר הַזֶּה, לְהָמִית אֶת כָּל הַקָּהָל הַזֶּה בָּרָעָב" (שמות טז, ג).

הקב"ה האכילם את המן שטעמו כצפיחית בדבש, אך בסגולתו לקבל כל טעם רצוי, ואף על פי כן הם לא יכלו לעכל את מה

שזכו לקבל. למרות הנפלאות שראו במו עיניהם במהלך עשר המכות, בני ישראל עדיין התמרמרו על מנהיגם משה עד שהוא חשש לחייו.

בני ישראל זכו לחוות ישירות את הניסים האלוהיים, ואף על פי כן, כעבדים לשעבר שידעו חסך וטראומה, הם לא יכלו לשאת את חרדת המסע. הם לא בחרו להעריך את המגע שלהם עם האלוהות.

אבל אנחנו, בעזרת התמיכה שאנחנו מקבלים, יכולים לבחור להעריך את חיינו. דווקא האובדן עשוי להצמיח בנו מודעות מוגברת להנאות היום־יום המקיפות אותנו – העיצוב המופלא של הנרקיס, ליטוף המים החמימים כשאנחנו מדיחים את הכלים אחרי הארוחה. הסבל עשוי להדגיש את הפלא של היום־יום.

עין טובה

כדי להתאמן בהערכה עלינו לבחור להתבונן בחווייתנו בעין טובה ולהבדיל בין טוב לרע. תהליך זה דומה לכללי האיסור של אב המלאכה – בורר. בשבת, כשיש לפנינו תערובת של פריטים רצויים ושאינם רצויים, ההלכה מלמדת אותנו שמותר להפריד את הטוב מן הרע. אם לפנינו קערת פופקורן, למשל, ובה גרעינים שלא תפחו ושאיננו רוצים לאכול, אנחנו מפרידים

מהם את הגרעינים שכן תפחו. הלכה זו מסמלת שאפשר לבחור להתמקד בטוב. לא שהרע אינו קיים, אלא שאנו מתמקדים בברכה המקיפה אותנו.

הלכה זו עשויה לעזור לנו להתבונן מחדש בחוויה. לפני שנים אחדות עמדתי בתור במכולת, ואחת השכנות הביטה בי ואמרה: ”כל פעם שרע לי עם עצמי, אני חושבת עלייך. ואז אני כבר לא מרגישה כל כך רע”.

הייתי המומה. הרגשתי כאילו אותה שכנה נטלה כידון ונעצה אותו בבטני. היא אמרה בעצם שהיא מתנחמת בידיעה שהיא איננה אני, שמשפחתה לא עברה זוועה דומה לשלנו. חזרתי הביתה וסיפרתי לילדים מה שקרה. בני, שהיה אז בן 18, אמר: ”היא מתכוונת לומר שהיא מעריכה את מה שעשית עם הרצח של קובי, את הקרן שהקמת, את זה שאת ממשיכה לחייך ולהיות מאושרת. זה נותן לה תקווה”.

כשאמר זאת, הבנתי שאני יכולה לבחור איך לפרש את האמירה הפוגענית. יכולתי לבחור לראות אותה בעין טובה, במבט שאין בו גינוי או שיפוטיות, המניח לאנשים ולאלוהים ליהנות מן הספק.

מזל, אימו של אהרון שחלה בלוקמיה ונפטר בייסורים בגיל 24, סיפרה לי שבכתה במשך יותר משנה, עד שלמדה לברך את

אלוהים על התקופה שזכתה לחיות עם בנה. הרגשתי שהאמירה הזאת היא הצהרה מופלאה. היא מצאה את היכולת להתברך בימים שבהם הייתה אם לאהרון, במקום להתמקד אך ורק באבל על אובדנו.

זה נשמע פשטני, אבל כשאנחנו בוחרים להפנות עין טובה, עין אוהבת, אל חיינו ואל חיי האחרים, פירוש הדבר שאנחנו מפנים עין אוהבת כלפי עצמנו. חיי הרגש שלנו נעשים נוקשים פחות ופתוחים יותר. אנחנו נוטים להיות חרדים פחות, מאשימים פחות, נפגעים פחות, ולהעריך יותר את האחרים גם כשהם מדברים בחוסר רגישות.

זאת ועוד, בהגות היהודית האופן שבו אנחנו שופטים אחרים משפיע על האופן שבו אלוהים שופט אותנו. הבעל שם טוב מסביר כי המילים בתהילים (קכא, ה) "ה' צִלְּךָ" פירושן הוא שכפי שנתנהג, כך יתנהג גם הוא כלפינו. אם נשפוט את עצמנו ואת אחרים בחמלה, גם הקב"ה ינהג כלפינו בחמלה. אך גם אם לא נייחס חמלה להתערבות האלוהית, ברור שכאשר אנחנו בוחרים לנהוג בחסד, האחרים ייטו יותר לנהוג בנו בחסד.

ד"ר ג'ואי פלדר, גסטרואנטרולוג מבית החולים מאונט סיני בניו יורק, אומר שהבחירה להיות חיובי ואופטימי עשויה להשפיע על בריאותו של האדם, אם כי לא תמיד במונחי הפרוגנוזה של

המחלה. "התייחסות חיובית לא תעזור לרפא כל מחלה, אבל מצד שני, כשאדם בוחר להיות חיובי, הצוות הרפואי יבחין בו יותר... מפני שהוא יעורר בהם מידה רבה יותר של אכפתיות. הם ירצו להיות זמינים יותר לאדם כזה", הוא מסביר.

יש בכך חוקיות דומה לחוקי הפיזיקה: כשאנחנו מקדישים תשומת לב רבה יותר לטוב שבחיינו, אנחנו מזמנים לחיינו מידה רבה יותר של טוב.

ההערכה החיובית חשובה כל כך, עד שהתלמוד מספר שאחרי בוא המשיח, הקורבן היחיד שיובא לבית המקדש יהיה קורבן תודה.

לענות אמן ולתת תוקף לחוויה

פעם שאלתי את בוץ' בראדלי, קומיקאי שהופיע בסבב הופעות הצדקה של קרן קובי מנדל Comedy for Koby, מהו הסוד מאחורי האלתורים המבריקים שלו על הבמה, והוא ענה: "הסוד הוא אומנות אמירת הכן. אני אומר כן לכל דבר. זה כמו להיות ילד. הינה בלון כחול, יופי, אני לוקח; העיר העתיקה, כן, אוטובוס, כן, כיסא, כן, דגל, כן".

כשאנחנו עונים "אמן", אנחנו אומרים במהותו של דבר "כן" ונותנים תוקף לטוב האלוהי. נהוג לענות אמן קרוב ככל האפשר

לאמירת הברכה עצמה. אבל במקורות נזכרת גם אמירת אמן המכונה 'אמן יתומה', אמן הנאמרת הרבה אחרי הברכה, ולפיכך מרוחקת מהשבח שאנחנו אמורים לתת לו תוקף. במהלך התפילה יש להימנע מ'אמן' כזאת. אבל בחיינו, כשאנחנו מתמודדים עם אתגרים, לא תמיד נוכל לענות מיד אמן על ניסיוננו. אך כאשר נבחר לפרש את הניסיון הזה ולהסביר אותו בדרך חיובית, אנו אומרים בעצם כן לחיינו ומעניקים לעצמנו ולאחרים – למשפחותינו ולחברינו – את האפשרות לומר אמן. אנחנו נותנים תוקף לכך שאלוהים נוכח בחיינו גם בלב הקושי והכאב.

שאלות

- איזו בחירה שבחרתם בעבר עיצבה את זהותכם?
- איזו בחירה טובה עשיתם בחייכם? ואיזו בחירה גרועה?
- איזו בחירה הייתם משנים אילו יכולתם?
- מה למדתם מהוריכם על בחירה? אם יש לכם ילדים, מה אתם אומרים להם?
- איזו בחירה חיובית אתם יכולים לבחור היום?
- כמה שליטה יש לכם כיום על חייכם?
- מה קורה כשאתם מוותרים על השליטה?
- מהו בשבילכם ההבדל בין כוח ורוח באופן שבו אתם מקבלים החלטות?

- איך תוכלו לפרש את חייכם באופן חיובי יותר?
- האם הייתה בחייכם תקופה שבה חשתם תחושה ברורה של השגחה אלוהית?
- על מה אתם עונים אמן בחייכם? על מה הייתם רוצים לענות אמן?
- כתבו לעצמכם תפילה שבה אתם בוחרים להעריך את היופי והחסד המקיפים אתכם. לענות אמן.

פרק רביעי

יצירתיות

בכל אדם ישנו דבר יקר שאינו קיים אצל איש מלבדו.
לפיכך עלינו לכבד כל אדם על מה שחבוי בתוכו,
על מה שהינו שלו ושלו בלבד.
פתגם חסידי

ניצבתם אל מול הכאוס, נכנסתם אל כאבכם מוקפים בקהילה שהציעה לכם חסד. בחרתם להאמין שהאל איתכם בתהליך זה של אבל, אבל אתם עדיין סובלים. עדיין ממתין לכם צעד מכריע: כדי להתאבל ולהתנחם, כדי לשנות את דמות הכאב, עליכם להשתמש בכוחות היצירה שלכם.

פעילות יצירתית, משעשעת או רצינית, עשויה להוביל אתכם לתחושה עזה יותר של כוליות, בריאות וחוסן. מאלף לדעת שקיים שורש משותף למילה "בריאה" ולמילה "בריאות". באופן פרדוקסלי, דווקא האובדן, שמביא אותנו לגלות את הכישרונות הטמונים בנו ולהשתמש בהם, הוא זה שמאלץ אותנו לממש את החיות, את החיים שבנו.

שימו לב, ישנן דרכים שונות ליצור מתוך כאב. כאשר אגרטל יקר ערך מתנפץ, יהיו מי שישליכו בייאוש את השברים לאשפה.

לעומתם, יהיו שינסו להדביק את השברים אף על פי שלעולם לא יוכלו לשחזר את איכות האגרטל המקורי; ויהיו מי שיִיצרו מהשברים דבר חדש וייחודי. באומנות החרס היפנית ישנה טכניקה בשם קינצוקורי (kintsukuroi), תיקון חפצים שבורים באמצעות מילוי הסדקים בזהב. אגרטל שבור שעוצב מחדש בטכניקה זו נראה בעיני רבים מושך יותר מבחינה אסתטית, ואומנים העושים זאת סבורים שדווקא הטכניקה הזאת עשויה להעצים את יופיים של החפצים שניזוקו.

כדי ליצור ולחדש את עצמנו אין אנו חייבים להיות קדרים, או רקדנים, או סופרים, או מלחינים, או מחזאים או ציירים. נוכל להקים משפחה חדשה, להביא עוד ילדים לעולם, נוכל להינשא מחדש, ונוכל להיות אומני החיים: לעבוד בגינה או לבשל, להביא את פאי המרנג־לימון לדרגת שלמות או לסרוג סוודרים. שבועות אחדים אחרי הירצחו של קובי, ילדיי ואני בילינו כמה ערבים בשירה ובתיפוף על סירי בישול הפוכים. ההופעות המשעשעות והמקוריות האלה היו סימן לאפשרות לשוב לחירות רגשית.

לשוות לעֶצב צורה חדשה

גילוי היצירתיות שבתוכנו והעיסוק בה הם משימה דחופה וחיונית, מפני שהיא עשויה להגן לא רק עלינו אלא גם על כל המשפחה שלנו ועל הדורות הבאים. הפסיכיאטר ד"ר אד פייקס

מטורונטו טוען כי 25 אחוזים מהאשפוזים הפסיכיאטריים נובעים מאבל שלא עבר עיבוד, מכאב שלא מצא ביטוי או שלא טופל בדרך כלשהי. אֲבל, לדבריו, עשוי לעבור מדור לדור. עורך כתב העת **אטלנטיק**, הסופר סקוט סטוסל, מציג מחקרים המוכיחים כי אצל בני דור שני ושלישי לשואה החרדה שכיחה במידה ניכרת יותר מבאוכלוסייה הכללית.

כדי להבטיח בריאות נפשית לכם ולמשפחתכם עליכם לא רק לדבר על הכאב ולשתף בו אחרים, אלא גם לשנות אותו, לעבד אותו ליצירה חדשה כלשהי. ביכולתנו לעצב את דמות העצב שלנו. המילים 'עצב' ו'עיצוב' שייכות לאותו שורש בעברית.

כשאנחנו מרגישים שמשהו חסר, כשהעולם שלנו איבד את אחדותו, כשאנחנו סובלים מדיסוננס חסר פתרון, מלאכת היצירה עשויה לעזור לנו להשיב לעצמנו את תחושת השלמות. כשאנחנו יוצרים אנחנו נכנסים אל תוך ההפרעה כדי לחפש משמעות, הרמוניה ושלמות. אנחנו מתאמצים להבחין בסדר הטמון בתוך הכאוס האישי שלנו, בלכידות הממתינה להתגלות בסבלנו. גם כשאנחנו מתחילים בכאב, התהליך היצירתי הוא תהליך של חיים אינטנסיביים.

אלכסנדר, בנה בן ה־21 של סוז לוונסטין, נספה בטיסת פאן־אם 103 בשמי סקוטלנד ב־1988. בחודשים שלאחר מכן, כדי

להיות מסוגלת לשוות לאלכסנדר דמות שלמה בתודעתה, שקדה לוונסטין על יצירת פסלים של בנה. היא גם הקימה פסל מונומנטלי בחצר ביתה במונטוק, ניו יורק. הפסל, Dark Elegy (קינה אפלה) שמו, מורכב מ־75 דמויות אבן גדולות של נשים קפואות בתנוחת הקשבה לחדשות טרגיות על מות יקיריהן בטרגדיית לוקרבי. הכאב והאימה ניכרים היטב בתנוחותיהן של הנשים, אבל הנשים מסודרות בעיגול, המעביר תחושה של יופי ולכידות בעיצומו של החורבן.

באוגוסט 2002 רצח מחבל פלסטיני את יפית, צעירה יפיפייה בת 31, אם לשני ילדים קטנים, במושב מכורה שבעמק הירדן. ארבעה חודשים אחר כך הגיעה אימה, איריס יחיא, לנופשון מרפא של קרן קובי מנדל. בשלב הראשון של פגישות התרפיה באומנות ישבה ולא עשתה דבר. בהמשך החלה ליצור קולאז' שקראה לו "טעמו של העולם שבוא יבוא". המרפאת באומנות ביקשה לקחת את העבודה, אבל איריס סירבה. היא לקחה אותה הביתה, ומאז היא רושמת, מציירת וממסגרת את עבודותיה. מסגור העבודות מאפשר לה להציב גבולות סמליים לסבלה. האומנות היא בשבילה דרך לבטא, להכיל ולשנות את הגעגועים ואת הסבל המאיימים להציף ולהרוס אותה.

יצירת עצמי חדש

יצירה מחדש של העצמי היא אולי המעשה היצירתי ביותר שנוכל לעשות אל מול פני הרעה.

בעקבות אובדן שאנו חווים נזכה אולי למבט צלול, ליכולת להבחין ולהפריד, לבודד את מי ואת מה שבריא ומרפא בשבילנו, את מערכות היחסים ואת הפעילויות שיזינו אותנו ויבנו אותנו, לעומת אלה שלא יתרמו ליצירת חיים בעלי משמעות גדולה יותר. בתהליך הזה נגלה אולי הוויה חדשה, תחושת זהות עזה יותר, סדרי עדיפויות חדשים. נגלה את היכולת לומר "לא"; את היכולת לשאוף ליעדים נעלים יותר, חשובים יותר; את היכולת להיות נאמנים יותר לעצמנו.

ייתכן שנגלה את העצמי המהותי ביותר שלנו, ובזכותו נוכל ליצור יחסים עמוקים יותר עם העולם. ייתכן שנהיה מוכנים ליטול על עצמנו סיכונים כפי שלא העזנו לעשות בחיינו הקודמים. אימהות רבות אומרות לי: "איבדתי בן. מה כבר יכול להפחיד אותי עכשיו?".

אני עצמי העזתי לעשות דברים שכלל לא עלו על דעתי לפני רצח בני. הייתי ביישנית, והתחלתי להשמיע את קולי. אובדן בני הניע אותי לגלות את קולי. דיברתי בטאון הול מיטינג עם טד קופל בשידור מירושלים. ניצבתי מול דוברים פלסטיניים בפאנל

ושאלתי אותם מדוע הם מנחילים שנאה בבתי הספר ובמסגדים ובתחנות הטלוויזיה, מדוע הם מהללים את המוות. אין לומר שלא חשתי שום פחד. פחדתי. אבל הייתי מחויבת למשימה שקיבלתי על עצמי, לכבד את זכר בני. אני, שסבלתי קודם לכן מפחד קהל, התחלתי לדבר במסגרות שונות ברחבי העולם. אני, שכמעט לא יכולתי קודם לכן לדבר עברית, דיברתי בטלוויזיה הישראלית. הרגשתי חובה לספר את סיפורו של בני. נדמה כאילו הפכתי לאדם שונה, מוחצן ואמיץ יותר.

התבוננות בעצמי החדש

היצירתיות מאפשרת לנו גם לגלות את האור הטמון בתוך הכאב, את האפשרות של התבוננות ושל גילוי. הדבר הראשון שהקב"ה ברא, כשהעולם עדיין היה בתוהו ובוהו, היה האור: "בְּרֵאשִׁית בָּרָא אֱלֹהִים אֵת הַשָּׁמַיִם וְאֵת הָאָרֶץ. וְהָאָרֶץ הָיְתָה תֹהוּ וָבֹהוּ וְחֹשֶׁךְ עַל פְּנֵי תְהוֹם וְרוּחַ אֱלֹהִים מְרַחֶפֶת עַל פְּנֵי הַמָּיִם. וַיֹּאמֶר אֱלֹהִים יְהִי אוֹר, וַיְהִי אוֹר" (בראשית א, א–ג).

כפי שכתבתי בספרי **חסדי הלב השבור**, התחלתי להבין שצלחתי את התוהו ובוהו וגיליתי בתוכו דפוס סמוי. שלושה חודשים אחרי רצח בני התחלתי לכתוב בתוך הכאוס, הייאוש והעצב, כשאני מנסה להתמודד לא רק עם האכזריות הטראומטית של הרצח אלא גם עם האובדן המרסק, עם האומללות והריקנות. תחילה

הייתה לי מטרה אחת ויחידה: לזכור את בני. תוך כדי כתיבה הרגשתי שהוא נוכח. יכולתי לשמוע את קולו לוחש אליי, עמוק בתוך־תוכי. רציתי לספר את סיפורו. רציתי לכתוב את הזיכרונות שנותרו לי ממנו. באותה שנה ראשונה, בעודי כותבת, חוויתי כמה מפגשים מסתוריים ועזים: ציפורים התרסקו לרגליי כשהלכתי בירושלים, התנגשו בשמשת המכונית, ניתזו מהפנסים. ניצבתי פעם אחר פעם מול חידה: מה הקשר בין הציפורים לבין האובדן שאני חווה? חקרתי וכתבתי. המפגשים שלי עם ציפורים ועם קיני ציפורים סיפקו לי רמזים על הנשגב, דימויים של התעלות מעבר למגבלות המייסרות של העולם הזה. אחרי זמן מה הבנתי שהספר יתחלק לשני חלקים, המערה וקן הציפור.

קן הציפור כסמל נעשה עבורי להיפוכה של המערה החשוכה והמבודדת שבה נרצח בני. מהמערה לא הייתה אפשרות לצאת, אבל קן הציפור התחוור לי כמקום של לידה והזנה, כמאגר של אור. החלוקה הזאת נתנה לי תחושה של סדר והרמוניה בימים שבהם העולם נראה לי מלא רוע וכאוס.

הכאב העמוק לא נעלם, אבל עתה נלוו אליו סימנים ראשונים של לכידות. לימים, למדתי שעל פי הקבלה, המשיח ממתין בהיכל קן ציפור בגן העדן המיסטי, משם יצא לגאול את העולם. זאת ועוד, בקן ישנן תמונות של בית ראשון ובית שני, ותמונות של כל הילדים שמתו על קידוש השם.

כשהחלטתי לחקור את המשמעות של מה שאלמלא כן היה נעלם ממני או לא נחשב בעיניי, זכיתי להתגלות. החיפוש אחרי תובנה סלל את דרכי אל ההחלמה, אל תהליך הביבליותרפיה שיצרתי לעצמי. באמצעות ההתחקות אחר מהלך ההתגלות בספרי, יכולתי לחבר נרטיב של לכידות במקביל לנרטיב הכאוס, האימה והאבל, האומללות והחורבן הגמור. הבנתי שאוכל לבחור בין הישארות במערה עם הרצח הברברי של בני לבין קן הציפור, מקום של החלמה, גאולה ולידה מחדש. חדלתי להיות קורבן. הייתי ניצולה, בלשית רוחנית, אדם שעדיין מסוגל לפרוח.

לשכון עם הא־ל

ההתגלות בהר סיני הייתה חוויה טראומטית לבני ישראל. הם רעדו מפחד לשמע הרעם ולמראה האור והברקים וההר המכוסה בעשן.

גם בשומעם את דבר הא־ל עדיין לא האמינו כי יגן עליהם. משה עלה לקבל את התורה, אך כאשר בושש לחזור הם נחרדו. עם שובו מהמפגש עם הא־ל ובידיו לוחות הברית, ראה משה את העם מחולל סביב עגל הזהב, האליל שיצרו לעצמם. בכעסו ובאכזבתו השליך את הלוחות והם נשברו לרסיסים.

בהמשך משה שב ועלה להר וחזר עם לוחות חדשים, שאותם

פיסל במו־ידיו. אבל בסיפור הזה מדהים לגלות ששני הלוחות, שברי הלוחות הראשונים והלוחות השניים השלמים, נישאו בארון הקודש ולימים מצאו את משכנם בבית המקדש. הלוחות השבורים לא הושלכו ולא הוכחשו אלא שוכנו במשכן, שהוא גם משכן הא־ל. הקב"ה עומד על כך שיש לשמר את השברים.

בכל אחד מאיתנו יש חלקים שבורים ויש שלם. אל לנו להימנע מהחלקים השבורים של נפשנו או להתעלם מהם. החוויה האינטימית של הניפוץ היא אולי הכוח האמיתי המאלץ אותנו לבנות מחדש. אם ניצור מתוך הכאב, אם נשוב וניצור את עצמנו הן מן השלם הן מן החלקים השבורים של חיינו, נוכל אולי גם אנחנו להקים משכן מקודש, מקום של אמונה שבו נצליח להעניק משמעות למה שנופץ, מקום שאלוהים יהיה נוכח בו הן בסבל הן בבנייה מחדש של עצמנו.

מקוריות

רבי נחמן מברסלב אמר שאומנם רבים סיפרו סיפורים כדי להרדים בני אדם, אבל הוא סיפר סיפורים דווקא כדי לעורר. האובדן העיר אתכם לחיים של השראה רבה יותר.

בתפילת ההשכמה "מודה אני" אנחנו מודים לקב"ה המחדש מדי יום את ברואיו. ברוח דומה אמר הנביא ירמיהו בקשר למעשי

החסד המתמשכים של אלוהים כלפי האדם, "חֲדָשִׁים לַבְּקָרִים רַבָּה אֱמוּנָתֶךָ" (איכה ג, כג). כל שעה משעות היום מעשירה אותנו בחוויות חדשות, בראייה חדשה, בהזדמנויות יצירתיות חדשות המאפשרות לנו לפעול כדוגמת הבורא תוך כדי שאנו מגדירים את עצמנו מחדש בעולמנו המשתנה. האמרה, "הנשמה מלמדת אותנו כל הזמן, אבל היא אף פעם לא חוזרת על עצמה", מובאת מפי רבי פנחס בחיבורו של מרטין בובר באנגלית, **עשרה שלבים, אוסף אמרות הסידיות**. כאשר אנו מתעלים את החרדה ואת הכאב לסקרנות, למשחק ולעבודה יצירתית, מתאפשר לנו, דרך עיבוד ושילוב המודעות והחוויה שלנו, לשים לב לרגעים של השראה אלוהית.

בסדנת הפסיפס של קרן קובי מנדל אמרה לנו פעם מורתנו דנה, שבפסיפס אין טעויות, מפני שאפשר לארוג הכול לכלל תמונה. באמצעות היצירה אנו מוצאים את הדרך לארוג את האובדן, הנראה לנו כה מנוכר וזר, לכלל תמונה ייחודית בעלת יופי מפתיע משלה. הניסיון להביע, להבין ולשלב את מה שנראה לנו כה שגוי, ואפילו אקראי, מאפשר לנו לגלות ראייה אישית ייחודית מפתיעה, משהו שלא יכולנו לתכנן או לצפות מראש. הראייה הזאת, שהייתה סמויה מן העין, עשויה לעזור ולהוביל אותנו במסענו האישי אל החוסן.

שאלות

- מה אהבתם לעשות כילדים? מה סיפק לכם הנאה?
- מה פירושה של יצירתיות בעיניכם?
- אילו יכולתם לעשות כל דבר שהוא, מה הייתם בוחרים לעשות?
- אילו יכולתם ליצור כל דבר שהוא, מה הייתם יוצרים?
- מה היו הרגעים היצירתיים ביותר בחייכם?
- מה אהב יקירכם ליצור? האם יש לכם אפשרות ללכת בעקבותיו?
- איך אתם יוצרים צורה לעֶצב?
- איך נבראתם מחדש בעקבות צער או מאבק?
- מהי התפילה האישית שלכם כדי לעורר את תחושת היצירתיות?

פרק חמישי

זכירה

שכחה מובילה לגלות, בזכירה סוד הגאולה.
הבעל שם טוב

בשנת 2012, במלאת ארבעים שנה לטבח הספורטאים הישראלים באולימפיאדת מינכן ב־1972, ביקשו אלמנות הספורטאים כי בטקס הפתיחה של אולימפיאדת לונדון תתקיים דקת דומייה לזכרם. הוועד האולימפי הבין־לאומי סירב לקיים טקס הנצחה רשמי משותף, אם כי הסכים לערוך טקס אלטרנטיבי במקום אחר בלונדון. רבים זעמו על החלטה זו של הוועד האולימפי. הלקח החשוב בדבר התוצאות הטרגיות של השנאה – טבח אחד עשר ספורטאים יהודים ושוטר גרמני בידי טרוריסטים פלסטיניים – לא נלמד.

מחדל זה היה עגום במיוחד לאור העובדה שהיהדות היא דת המדגישה את חשיבות הזיכרון. ההיסטוריון היהודי פרופ' יוסף ירושלמי מציין בספרו **זכור: היסטוריה יהודית וזיכרון יהודי**, כי הפועל זכור מופיע בתורה 169 פעמים. זאת ועוד, תפילת שחרית מסתיימת באזכור שישה אירועים מההיסטוריה הקולקטיבית של העם היהודי שאליהם נלווה הציווי לזכור, או לא לשכוח – יציאת מצרים, מתן תורה, קדושת השבת ועוד.

אנחנו מצווים לזכור מפני שקל כל כך לשכוח. כשמצבנו טוב, אנחנו שוכחים את הקשיים ואת כאבי הלב. בספרו **זכור** כותב ירושלמי: ״אף כי הציווי לזכור הוא מוחלט, יש בכל זאת משום פאתוס נואש־כמעט בהתעסקות התנ״ך בעניין הזיכרון, וגם משום חוכמה מפוכחת היודעת מה קצר והפכפך הוא הזיכרון האנושי״.[2]

בפרק זה נראה כי ההנצחה, פעולת הזיכרון המודעת, היא אמצעי ליצירת זהות חזקה לא רק לעם אלא גם למשפחות וליחידים. אופן הזכירה עשוי לטשטש את העבר ולשתק אותנו, אך גם להגן עלינו ולהניע אותנו להיות אכפתיים ומוסריים יותר לאור ההיסטוריה שלנו. באמצעות הזכירה אנחנו מוסרים את העבר לילדינו ויוצרים רצף של כמיהה והשתייכות. כשאנו מעבירים לילדינו את סיפורי הסבל והגאולה, החרפה וההלל, אנחנו ממשיכים לפרש ולהרחיב את הסיפור היהודי אל תוך העתיד, שבו אחרים יספרו את הסיפור במקומנו. כשאנחנו מכירים בכך שאנחנו חלק מהסיפור הזה, המקיף לא רק את חיינו הפרטיים אלא את חיי האומה, אנחנו יוצרים חוסן אישי ולאומי כאחד.

2 יוסף חיים ירושלמי, **זכור**, מאנגלית שמואל שביב, עם עובד, 1988, עמ׳ 27.

צדק והכרת הטוב

מעשה ההזכרה, שהוא דיאלוג עם העבר, יכול להניע אותנו להתנהגות מוסרית. באחרית־דבר למהדורה האנגלית של ספרו, מספר ירושלמי על סקר שערך העיתון הצרפתי **לה מונד**, ובו נשאלו הקוראים, אם לדעתם יש להגיש כתב אישום ולהעמיד לדין את הפושע הנאצי, קלאוס בארבי. השאלה נוסחה כך: "איזו מבין שתי המילים הבאות, שכחה או צדק, מגדירה בצורה הטובה ביותר את יחסך כלפי אירועי תקופת המלחמה והכיבוש?".

בעקבות ניסוח הסקר נוכח ירושלמי, כי היפוכה של שכחה אינו זכירה אלא צדק. כדי לחפש צדק ללא הרף עלינו לזכור באופן פעיל.

פסוקים רבים במקרא מצווים על העם היהודי לזכור את היותם עבדים בארץ מצרים ומצפים מהם, בעקבות סבלם, להיות רחמנים יותר ולפעול להשגת צדק ושוויון. הרב יוסף דוב סולוביצ'יק מדגיש, כי אתיקה אינה נולדת במצב של רגיעה. מה שמאפשר לנו להפנים התנהגות מוסרית, לא רק בשכלנו אלא בכל מאודנו, לגלם אותה בעצמנו ולא רק להתפעל ממנה, הוא הכאב שלנו וכאב הזולת.

הזיכרון עשוי גם להוליד בנו הכרת הטוב. מי שמכה את מצרים בשלוש המכות הראשונות – דם, צפרדע, כינים – איננו משה

אלא אהרון. המדרש מספר כי משה חש הכרת הטוב כלפי היאור שנתן לו מחסה בהיותו תינוק, וכלפי החול שכיסה את גופת הנוגש המצרי שהרג, ולפיכך שייר לאהרון להכות ביאור ובחול.

זיכרונות מגוננים

לא תמיד אפשר לסמוך על הזיכרון, ולכן הוא מוּעד לפרשנות יותר מכפי שרובנו תופסים. קל מאוד לעוות את הזיכרון. היזכרו נא בבני ישראל המתלוננים במדבר על החיים הנפלאים שהיו להם במצרים: "מִי יִתֵּן מוּתֵנוּ בְיַד ה' בְּאֶרֶץ מִצְרַיִם, בְּשִׁבְתֵּנוּ עַל סִיר הַבָּשָׂר, בְּאָכְלֵנוּ לֶחֶם לָשֹׂבַע" (שמות טז, ג). בני ישראל היו עבדים במצרים ומעולם לא נהנו מתנאים כאלה, ובכל זאת הם זוכרים את העבר באור רומנטי, משום שמסעם במדבר עתיר סכנות וחרדות.

שום זיכרון איננו העתק מדויק של החוויה שקרתה. הנוירוביולוג פרופ' אנטוניו דמאסיו מאוניברסיטת דרום קליפורניה מסביר:

> אין דבר שיש לו תמונה מדויקת ובת קיימא, מיקרופיש או מיקרופילם, עותק קשיח... כשאנחנו נזכרים באובייקט נתון, בפרצוף, בהתרחשות, איננו מקבלים העתק מדויק אלא פרשנות, גרסה משוחזרת של המקור. עם השתנות הגיל והניסיון, מתפתחות אצלנו גרסאות לאותו דבר עצמו. הזיכרון הוא במהותו של דבר שחזורי.

כיוון שכך, יש לנו הזדמנות לשחזר את תולדות חיינו האישיות. אין בכך כדי לומר שעלינו לעוות או לשלול זיכרונות מעברנו, אלא שאנחנו יכולים להדגיש וליצור זיכרונות **מועדפים**, זיכרונות שעשויים לתמוך בנו, לקיים אותנו. נוכל לבחור שלא להפוך לקורבנות של חוויות פוגעניות. בידינו האפשרות ליצור אשכול של "אירועים אופפים", זיכרונות מגוננים שיוכלו להניע אותנו, לגייסנו לפעולה, לשחרר אותנו.

במחנה קובי נערכה פעם תחרות של השלכת ביצים לא מבושלות מהקומה השנייה, תוך ניסיון לשמור על כמה שיותר ביצים שישרדו את הנפילה בשלמותן ולא יישברו. הנערים שהשתתפו בתחרות עטפו תחילה את הביצים בסרטים דביקים או במגבות כדי להגן עליהן. גם אנחנו יכולים למצוא דרך לעטוף את זיכרונותינו במעטה הגנה, במחשבות שיתמכו בנו במקום לנפץ אותנו.

גרדה וייסמן־קליין נעזרה בזיכרון מגונן כדי לשרוד את השואה. כפי שכבר כתבתי, הוריה ואחיה נספו במהלך המלחמה והיא נשלחה לעבודת כפייה בשורה של מחנות. כשפגשה את בעלה, חייל אמריקאי שהיה בין משחררי המחנה, שקלה כשלושים קילו, אחרי שלוש שנים בלי רחצה. בספר זיכרונותיה, All But My Life, היא מתארת כיצד הזיכרון הגן עליה בימי המחנות:

למזלי, הייתה לי ילדות מאושרת, אם כי קרוב לוודאי שלא הייתה מושלמת כפי שבחרתי לזכור. אבל האופן שבו

> זכרתי אותה עזר לי לשרוד, והיא שימשה לי לפיד שהאיר את חשכת הטרגדיה שהתרחשה לאחר מכן... הטרקלין של ילדותי. אבי מעשן מקטרת וקורא את עיתון הערב, אימא עסוקה ברקמה, אחי ואני מכינים שיעורי בית... ערב בבית. פעמים כה רבות ראיתי את התמונה הזאת...

יכולתה של קליין להעלות בזיכרונה תמונות שלוות מילדותה עזרה לה לשרוד את המציאות האכזרית של המחנות. כפי שהיא עצמה מודה, חיי הבית ודאי לא היו אידיליים כפי שתיארה, אבל זיכרון הנעימות והאהבה שחוותה בחיק המשפחה פעלו כתרופה סותרת רעל, כתמונה מהופכת, של הסיוט שבו חיה.

אחת החוזקות של מחנה קובי היא ההזדמנות שהוא מספק לילדים ליצור זיכרונות מגוננים המזינים אותם. קיץ אחד במחנה קובי סיפר לנו מדריך בן 17 בשם שמעיה על תומר, חניך בן עשר, שנתפס לסערת רגשות חריגה כשאחד מחבריו למחנה נפצע. אביו של תומר מת מפצעיו בעקבות תאונת דרכים, ומראה חברו המוטל בשדה הזכיר לו את הימים הקשים שבהם אביו היה חסר הכרה. שמעיה הוסיף וסיפר:

> לא ידעתי מה לומר, הרגשתי כל כך רע. אבל אז נזכרתי במשהו שלמדנו בקורס ההכשרה ושאלתי: "אתה יכול לספר לי על אבא שלך? מה הוא אהב לעשות?" והילד

> אמר: "שיִט. ספורט, בעיקר כדורסל". שאלתי: "מתחשק לך לשחק איתי כדורסל עכשיו?" הלכנו למגרש הכדורסל והתחלנו לשחק. תומר אמר: "אבא שלי אמר שמניחים את הידיים על הכדור ככה". בימים הבאים הלכנו יחד למגרש כל ערב ותומר אימן אותי כמו שאבא שלו לימד אותו.

שמעיה לא רק סיפק לתומר דרך חיובית לזכור את אביו, אלא גם העצים אותו לגלם את דמות אביו. תומר הצליח להעביר את הדברים שלמד מאביו, את קולו. סביר מאוד שזיכרון הכאב של תומר אפוף עתה בזיכרונות חמים הן מאביו הן מהמדריך במחנה.

שימור הזיכרון

כמעט כל מי שאיבד מישהו חושש שאותו אדם יקר יישכח, יימחק מן הזיכרון. לא מזמן קיבלתי אימייל מאם שבתה בת ה־32 נפטרה מסרטן והיא פוחדת שתישכח מן הלב.

אחת הדרכים לזכור היא ליצור ריטואל הנצחה פרטי כאמצעי להפעלת הזיכרון. בעלי לומד מסכת מן התלמוד מדי שנה לזכר קובי. בחמש השנים הראשונות אחרי הירצחו של קובי נהגנו לעלות לירושלים ביום הולדתו ולחלק נדבות לקבצנים. מספר הקבצנים שתרמנו להם, תאם את מספר שנותיו של קובי. למשל, ביום הולדתו ה־15 חילקנו נדבות ל־15 קבצנים.

פעולות הנצחה אלה מותירות בחיים לא רק את רוח בננו אלא גם מרחיבות את המעגלים. חברתי לימור הלכה לבית יתומים וחילקה 15 צעצועים לכבוד יום הולדתו של קובי. אישה שקראה את ספרי החליטה גם היא לחלק נדבות ביום השנה למותו של ילד שהייתה קשורה אליו מאוד. ילדה שפגשתי בשם הינדי חילקה ביום ההולדת שלה־עצמה 18 לחמניות בשוק מחנה יהודה אחרי שקראה את ספרי.

הסופרת הדנית איסאק דינסן אמרה שאפשר לשאת כל צער באמצעות סיפור. לעומתה, אני סבורה שפעולת הריפוי אינה תלויה רק בהעברת הסיפור לאחרים, אלא גם באופן שבו האחרים משתנים כשהם זוכרים את הסיפור, ובפעולות המהדהדות בעולם בעקבות הסיפור הזה. האופן שבו אנחנו ואחרים זוכרים ומנציחים עשוי להרוס או לשקם, לצמצם אותנו או להרחיב את גבולותינו.

סיפור המשפחה והעם

חשוב לשתף את בני המשפחה בסיפורים לא רק מפני שהם מעניינים אלא גם מפני שהם מנחילים זיכרון. ככל שנשתף את הסיפורים שלנו וככל שילדינו ונכדינו יתוודעו לתולדות המשפחה, כן יהיו בעלי חוסן רב יותר.

הפסיכולוגית שרה דיוק, שעבדה בשנות התשעים עם ילדים בעלי

קשיי למידה, הבחינה כי ילדים שיודעים הרבה על משפחותיהם נוטים להצליח יותר בהתמודדות עם קשיים. בעלה, פרופ' מרשל דיוק מאוניברסיטת אמורי, החליט לבדוק את השערתה. הוא ועמיתתו רובין פיבוש פיתחו מדד של עשרים שאלות לבדיקת הילדים וקראו לו סולם 'מה ידוע לכם'. בין היתר שאלו את הילדים: "האם ידוע לכם היכן גדלו סבא וסבתא? האם ידוע לכם היכן נפגשו הוריכם? האם ידוע לכם באיזה תיכון למדו הוריכם? האם ידוע לכם על מחלה או על אירוע קשה שקרה במשפחה?".

המחקר גילה כי "ככל שהילדים ידעו יותר על תולדות משפחתם כן הייתה להם תחושת שליטה חזקה יותר בחייהם, הערכה עצמית גבוהה יותר ואמונה עזה יותר בתפקוד המשפחה". המסקנה הייתה כי "סולם 'מה ידוע לכם' התגלה כמנבא היחיד הטוב ביותר לבריאות רגשית ולאושר אצל הילדים".

אחרי אסון מגדלי התאומים בדקו חוקרים קבוצת ילדים, שאומנם לא נפגעו ישירות, אבל חוו את הטראומה הלאומית. גם כאן התברר כי "אלה שידעו יותר על משפחותיהם התגלו כבעלי חוסן רב יותר, ופירוש הדבר שיכלו למתן את השפעות העקה (סטרס)". זאת ועוד, הילדים ששמעו סיפורים על הצלחות וגם על כישלונות התגלו כבעלי החוסן הגבוה ביותר. ילדים אלה ידעו שקשיים, אובדן וכישלונות הם חלק מהחיים לא פחות מהצלחות, ניצחונות ואושר.

כוח הנרטיב של משפחת העם היהודי - גשר על פני הדורות - הוא אולי גורם מרכזי בחוסן הלאומי המרשים שלנו. אנחנו מספרים שוב ושוב את הסיפור הקיבוצי שלנו ומחשלים בכך את זהותנו הלאומית. החיים היהודיים הם מסירה מתמדת של סיפור תולדותינו, שיחה מתמשכת.

בחג האסיף אנחנו מקימים סוכות לזכר מסע אבות אבותינו במדבר; בפורים אנחנו צמים לזכר ניצחונה של אסתר המלכה על הפרסים. את פרשת השבוע אנחנו קוראים כדי להפיח חיים בהיסטוריה ובזיכרון של עמנו; מדי שבת, ובעצם מדי יום, אנחנו זוכרים את יציאת מצרים. אנחנו זוכרים בצורה המשנה אותנו, משפיעה עלינו, מרגשת, מניעה, מגייסת, מאחדת. הריטואל, התפילה והחגים ממסגרים את הזמן הן במבט לאחור הן במבט צופה עתיד.

הסיפור שאנחנו מספרים מתאר את החולשות ואת החוזקות בהיסטוריה הלאומית שלנו, נרטיב עולה ויורד של ניצחון ותבוסה. הקשת הנרטיבית של ההגדה של פסח היא תנועה מן החרפה אל ההלל - מהיותנו עבדים לפרעה במצרים ועד הפיכתנו לעם חופשי היכול לעבוד את אלוהיו ולהלל את שמו.

אנחנו מספרים את סיפורנו הלאומי כדי שנוכל להעביר הלאה את חוכמת ההיסטוריה שלנו. אנחנו חלק מסיפור נרחב יותר

שהתחיל לפנינו וימשיך אחרינו, וככל שניטיב להכיר את הסיפור ולהזדהות איתו, כן יתחזק הקשר שלנו אל מורשתנו וכן יגבר החוסן שלנו כאומה. במהלך מבצע צוק איתן בקיץ 2014 התראיין בעזה פעיל חמאס שאמר, כי לעם היהודי אין כוח רצון שיאפשר לו להתמיד במאבק ממושך. כמה מעט ידע אותו אדם על העוצמה ועל הרציפות של נחישותנו הלאומית, שחושלו באמצעות הנרטיב הקולקטיבי של התורה וחוזקו באמצעות ריטואל החגים והזיכרון המתמשך שלנו.

נצח

במילה 'הנצחה' כלולה המילה 'נצח'. כשאנחנו מנציחים, כשאנחנו זוכרים, אנחנו מסוגלים לא רק להעביר ידע, להעלות את זכרו של אדם יקר, להשרות התנהגות מוסרית או לחשל זהות לאומית, אלא אפילו לחרוג מגבולות הזמן. תפיסת הנצח תורמת ליצירת הבנה עמוקה יותר. המוות אינו מנתק בהכרח את כל קשרינו עם יקירינו שהיו ואינם.

פרויד סבר שאבל מוצלח הוא כזה שבו מנותקים כל הקשרים עם המת. הוא כינה זאת דה־קָתֶקְסִיס (decathexis), שחרור האנרגיה הרגשית שהשקענו בעבר באותו אדם, הניתוק מהאדם היקר לנו. במילים אחרות, מערכת היחסים שלנו עם אדם יקר מסתיימת עם מותו.

אבל עבודתנו בקרן קובי מנדל מראה לנו, ופסיכולוגים רבים יאשרו זאת, שגם כאשר הקיום הפיזי מסתיים, עדיין יש אפשרות לחיבור.

ננסי וילאבוי, מלווה רוחנית הפועלת בבית הורים גדול בסינסינטי, חוותה חיבור כזה בצורה עוצמתית ביום האם האחרון. בנה היחיד, צעיר בשנות העשרים לחייו, מת מסרטן שנה קודם לכן. כשהייתה בעבודה, ניגשה אליה מתנדבת ובירכה אותה ב"יום האם שמח", ואז הניחה את ידה על ידה של ננסי ואמרה: "אה, סליחה, את כבר לא אימא". ננסי אומרת שבאותו רגע היה עליה להסתמך במידה רבה על החסד האלוהי כדי להסתלק משם בלי לומר דבר. אבל באותו יום ממש קיבלה מבנה סימן לחיבור:

> יום האם השנה היה קשה לי במיוחד, וכשדיברתי עם בני אמרתי: "כריס, אני יודעת שאתה שולח לי סימנים כל הזמן... אבל השנה אני צריכה לקבל ממך סימן ברור ששמעת אותי ושאתה עדיין קרוב אלי". החלטתי למיין ספרים ישנים שרציתי למסור, וכשפתחתי אחד מהם בצבץ ממנו משהו ורוד. שלפתי אותו וראיתי שזה לב מקופל לשניים ועליו, בכתב ידו של בני מכיתה א', כתוב: "אני אוהב אותך".

מובן שאיננו יכולים לקבל בחזרה את האדם עצמו, את הנוכחות הפיזית שאליה אנחנו כמהים, ואיננו יכולים להסתמך רק על סימנים. אבל אם משפחה שכולה ממשיכה לקיים את הקשר האינטימי עם הנפטר, לא פעם זהו סימן לבריאות, לחוסן.

פרופ' דויד פלקוביץ' מישיבה־יוניברסיטי מציג מחקר שבדק משפחות ישראליות שאיבדו בעלים ואבות במלחמת יום כיפור. לצד הנוכחות של תצלומי הנפטרים, מה שמייחד את המשפחות הבריאות היה האופן שבו האם ידעה להביע את רגשותיה, לבכות בנוכחות ילדיה, לשלב את זכר האב הנעדר במודעוּת המיתית של המשפחה, גם אם נישאה מחדש. כשהאם דיברה על האב וסיפרה עליו, נדמה היה שהוא ממשיך להיות חלק מהמשפחה.

באחד מימי הזיכרון לקובי סיפר לנו חברו שלמה, שהיה אז בן 26, משהו על התובנה והרגישות המיוחדת שאפיינו את קובי. טוביה, אביו של שלמה, שהיה חולה במשך רוב חייו של שלמה, נפטר זמן קצר לפני הירצחו של קובי. בשבעה סיפר שלמה לקובי שכמעט לא הכיר את אביו. וקובי אמר אז משהו מדהים: "אתה יודע מה? אתה עדיין יכול ללמוד להכיר אותו, גם עכשיו. שאל את אימך עליו, שאל אחרים, גלה מה הם זוכרים עליו. קח את מה שטוב בו ותן לתכונות האלה להמשיך לחיות בך". קובי היה אז בן שלוש־עשרה.

הרגשתי שהסיפור הזה גם הוא מסר למשפחתנו מקובי. אדם יכול להמשיך לחיות כשאנחנו בוחרים לזכור אותו בדרך אוהבת. אילוצי הזמן אינם מגבילים אותנו. כשאנחנו מדלגים מעל מגבלות הזמן ויוצרים מצבה חיה, אנחנו נוגעים בנצח. זאת ועוד, אנחנו ממשיכים לקיים מערכת יחסים עם נשמתו של האדם, והנשמה טהורה ונצחית.

הרב עדין שטיינזלץ אמר לי פעם: "רוב האנשים, כשהם מאבדים מישהו, יוצרים מצבה מתה. אבל מצבה צריכה להיות משהו חי. כשעץ מת, אם אי אפשר להצמיח אותו מחדש, צריך לשתול עץ אחר".

ההחלטה לשלב בחיינו את החסד ואת התכונות הטובות של האדם היקר שאיננו, מאפשרת לנו להפוך למצבות חיות. באחת מקבוצות התמיכה לנשים בקרן קובי מנדל שוחחנו פעם על חששן של האימהות שמא ישכחו את ילדיהן, אך אם אחת אמרה שבעקבות מות בנה היא הפנימה את תכונותיו החיוביות ונעשתה כנה יותר, חומלת יותר וחזקה יותר. בעקבות כך חשה חיבור חיוני ומתמשך אליו, כל הווייתה התרחבה. תחושה זו של התרחבות היא סימן עוצמתי לחוסן.

שאלות

- כיצד אתם פועלים להנציח את יקירכם?
- אילו טקסים שילבתם בחייכם?
- מהם בשבילכם הטקסים היהודיים המשמעותיים ביותר?
- מהי בשבילכם משמעות ההנצחה?
- האם יש לכם גם זיכרונות חיוביים סביב הזיכרונות הכאובים של הסבל?
- אילו סיפורי משפחה הועברו אליכם? אילו סיפורי משפחה אתם מעבירים הלאה למשפחתכם?
- האם אתם חשים חיבור אל נשמת האדם שנפטר?
- איך תוכלו ליצור מצבה חיה?
- מהי התפילה האישית שלכם להזכרת יקירכם?

פרק שישי

הקדשה

כִּי זֶה אֱלֹהִים אֱלֹהֵינוּ עוֹלָם וָעֶד, הוּא יְנַהֲגֵנוּ עַל מוּת.
תהילים מח, טו

אחי יוסף משליכים אותו לבור, נוטשים אותו למותו והולכים לאכול. כעבור 22 שנה הם יורדים מצרימה בגלל הרעב. הם אינם מזהים את יוסף, שהגיע בינתיים למעמד המשנה למלך במצרים, המנהיג שידאג לכלכלם. כשיוסף אינו יכול להתאפק עוד, הוא אומר להם שהוא אחיהם. בהמשך הסיפור, אחרי מות אביהם יעקב, חוששים האחים שיוסף ינקום בהם וישיב להם רעה תחת הרעה שעשו לו, אבל הוא מרגיע את חששם, מנחם אותם ומדבר על ליבם. לא הם שלחו אותו, הוא אומר, אלא האלוהים. הוא מבין שהוא חלק משליחות גדולה ממנו־עצמו או מאחיו.

כשאנחנו רואים את יד האלוהים בחיינו אנחנו משתתפים במעשה של הקדשה: זיהוי הקודש. בשורש קד"ש נכלל גם רעיון ההפרדה, ההקצאה למטרה מיוחדת. אנו הסובלים חשים לפעמים שהופרדנו מיקירנו, שהובדלנו, שנוּכּרנו מאחרים וגם מעברנו. אך, כפי שכותב הרב יוסף דוב סולוביצ'יק, כל סבל הוא קריאה לדבר מה. אם בסבלנו אנחנו מגלים שליחות כלשהי,

תחושה מיוחדת של תכלית מוגדלת, אנחנו משתתפים בתיקון העולם ובגאולתו, יוצרים חבל הצלה של חוסן.

בוער ואיננו אוּכל

אלוהים מדבר אל משה מתוך הסנה הבוער, והסנה בוער אך אינו כלה.

המדרש מספר כי באזור היו רועים רבים, לא רק משה, אך איש מהם לא עצר להתבונן בסנה הבוער. איש מהם לא גילה את הסקרנות או את האומץ לעשות זאת. אולי פחדו, אולי הוסחה דעתם, ואולי פשוט היו טרודים יותר מדי בחיי היום־יום. משה פנה לראות, להביט, להתבונן, וברגע שהיה עד לסנה הבוער, אלוהים דיבר אליו ואמר לו, כי הוא שיוציא את העם ממצרים, מבית עבדים. משה נדרש לחלוץ את נעליו, כפי שעושים הכוהנים בבואם לשרת במקדש, כפי שעושים האבלים בימי השבעה. הוא נקרא לשרת בקודש, הוא קיבל את המשימה המקודשת שהוטלה עליו.

אנו־עצמנו נעשינו סנה בוער של אובדן. בחיינו ישנם אובדנים הבוערים לאין קץ, אבל ביכולתנו לבעור בלי להתכלות. רוב בני האדם אינם מודעים לעולם הבערה הזה. רבים מהאנשים שחוו שכול מספרים לי שהם שומעים אמירות כמו, "התגברתם כבר על מה שקרה, נכון? הרי כבר עברו כמה שנים".

הסנה הבוער הוא סמל לתקווה בעיני משה, וגם בעיני העם היהודי לאורך הדורות, מסר של חוסן. גם כשאנו חוששים שהאובדן האישי שלנו יהרוס אותנו, הסנה הבוער אומר לנו שלא רק שנחזיק מעמד אלא שנגלה שליחות נלהבת וקריטית, תחושת ייעוד.

תהליך ההתהוות

אל מול הסנה הבוער שואל משה באיזה שם עליו להתייחס לאלוהים בשובו אל העברים, ואלוהים עונה: "אֶהְיֶה אֲשֶׁר אֶהְיֶה" (שמות ג, יד). שם זה מראה שאלוהים עצמו אינו מקובע או סטטי, אלא מצוי בתהליך של התהוות.

גם אנחנו נמצאים במהלך של התהוות. בספרו "השבת", אומר אברהם יהושע השל: "מלמדים אותנו שהבריאה איננה פעולה שקרתה פעם אחת לפני שנים רבות, אחת ולתמיד. המעשה של הבאת העולם לכלל קיום הוא תהליך מתמשך. אלוהים קרא לעולם להתהוות. הקריאה הזאת נמשכת".

הקריאה שאנו נקראים אליה היא להשתתף בתהליך גאולת העולם. לא מפני שאנחנו מיוחדים, אלא מפני שנעשינו מיוחדים. הסנה הבוער הוא לכאורה שיח קוצים רגיל, לא עץ שקמה אדיר או עץ תפוחים מלבלב, אלא שיח פשוט עטור קוצים. גם אנחנו איננו אלא אנשים רגילים, שלא ניחנו ביכולת המתאימה

להתמודד עם בערת הכאב, שאינם מאמינים שיוכלו לקחת את הכאב הזה ולהמירו לכלל ייעוד.

אפילו משה מתקשה לקבל את המשימה המוטלת עליו ומפקפק ביכולתו להנהיג את העם. הוא שואל: "מִי אָנֹכִי כִּי אֵלֵךְ אֶל פַּרְעֹה וְכִי אוֹצִיא אֶת בְּנֵי יִשְׂרָאֵל מִמִּצְרָיִם?" ותשובת הא־ל היא: "כִּי אֶהְיֶה עִמָּךְ" (שמות ג, יא–יב).

הקב"ה הטיל עלינו משימה להציל או לתקן חלק כלשהו בעולם. כך, גם אם אנו מפחדים, בכל זאת אנו נעשים שותפים מלאים יותר בסיפור הגאולה המתמשך של אלוהים, תוך שאנו נמשכים לתקן את העולם תפר אחר תפר.

צמיחה פוסט־טראומטית

ולא רק שנשרוד, גם נלמד לשגשג. בדומה לעץ הבאובב הענק הצומח על שפת המדבר בקיבוץ עין גדי שליד ים המלח, אנחנו מסוגלים לספוג חומרי הזנה ייחודיים מסביבה שנראית לאחרים שוממה לחלוטין. אומנם עלינו להתאזר בסבלנות, אך לבסוף נוכל כולנו לצמוח ולשגשג בזכות תחושת תכלית מועצמת בעולם.

הרב יוסף דוב סולובייצ'יק כותב, כי בסבל האדם חוצה את גבול העצמי ונעשה גדול מכפי שנועד להיות בתוכנית הקוסמית.ריינר

מריה רילקה כותב לבן שיחו, הר קאפוס, ב**מכתבים אל משורר צעיר**, "האם זוכר אתה, איך נכספו החיים האלה מתוך הילדוּת אל ה'גדולים'? אני רואה איך הם נכספים עכשיו, מן הגדולים והלאה, אל הגדולים יותר. אין זה גורם להם לחדול מלהיות קשים, אבל אין זה גורם להם גם לחדול מלצמוח".[3]

ברור שגם אם הטרגדיה מחלישה אותנו תחילה, היא עשויה לשמש הנעה לצמיחה פוסט־טראומטית. במאמר שפורסם בניו יורק טיימז על מחקר מ־1980 שבדק טייסים שנפלו בשבי במלחמת וייטנאם, צוין כי 61 אחוזים מהם חשו שחוויית השבי העשירה אותם מבחינה פסיכולוגית:

> רבים אמרו שאמונתם הדתית התחזקה ושהם נהנים יותר מהחיים. הם אמרו שהם מעריכים יותר את האחרים. השבויים שחוו בשבי יחס קשה במיוחד, דיווחו על השינוי החיובי ביותר. אולי הייתה זו רק השאיפה לתת משמעות לתקופה נוראה זו בחייהם, אבל מחקר עוקב שנערך 25 שנים לאחר מכן מצא שהחיילים נשארו משוכנעים שהשבי שינה אותם לטובה.

3 ריינר מריה רילקה, **מכתבים אל משורר צעיר**, מגרמנית עדה ברודסקי, כרמל 2004, עמ' 79.

בלק מלך מואב דורש מהנביא בלעם לקלל את בני ישראל, אך בשלושת הניסיונות של בלעם הקללה מתהפכת לברכה. העם היהודי הוא דוגמה ומופת לצמיחה פוסט־טראומטית. מה שהיה עלול להרוס אותנו כקללה הפך למקור לברכה ולהתרחבות – כביטויו הנודע של ניטשה, "מה שלא הורג אותי, מחשל אותי".

ייעוד

בפרקי אבות (ד, א) למדנו: "אֵיזֶהוּ חָכָם? הַלּוֹמֵד מִכָּל אָדָם". אפילו האובדן הזה, הטראומה הזאת, האורח הבלתי־רצוי שחדר לחיינו – אפילו הוא נעשה מורה ומשפיע עלינו לעשות מעשה. שוב אין אנו קורבנות של נסיבות אובייקטיביות, הפכפכות ובלתי צפויות, אקראיות. הגורל שלכד אותנו בלא יודעין השתלב ונטמע בנו, וחווייתנו נשזרה למעין ייעוד.

הרב סולוביצ'יק מדבר על ההבדל בין גורל לייעוד:

> תעודתו של האדם בעולמו, על פי היהדות, היא להפוך גורל לייעוד; קיום מופעל ומושפע לקיום פועל ומשפיע; קיום מתוך אונס, מבוכה ואילמות – לקיום מלא רצון, מעוף ויזמה.

("קול דודי דופק", בתוך **דברי הגות והערכה**, ירושלים תשמ"ג, עמ' 12)

'תיקון עולם' נולד מתוך כאב עמוק וקושי. שוב איננו עומדים אילמים אל מול הכאוס. אנחנו מבקשים תיקון, תמורה או סגירת מעגל, ואלה אפשריים רק בזכות מה שעבר עלינו. דומה כאילו זכינו בנבואה אישית הקוראת לנו ומגייסת אותנו לפעולה.

תחושת השליחות הזאת, אותה נבואה אישית, עשויה להלהיב ולהניע גם אחרים, לפיכך חובה עלינו לשתף אחרים בסיפורנו. שנה אחת, ביום הזיכרון לחללי צה"ל, בעלי סת' נשא דברים במרכז קהילתי־יהודי בטורונטו, וסיפורו פעל את פעולתו על קבוצת נערים בדרך מפתיעה ורבת עוצמה.

כך סיפר סת':

ימים אחדים אחרי הלוויה של קובי באו לשבעה ילדים מכיתתו, כיתה ח. היה שם ילד אחד, נמוך, חיוור, ביישן מאוד. ילד אחר, גבוה ממנו לפחות בראש, דחף אותו קדימה. "יש לו משהו לספר לכם", אמר בבוטות. הילד התקרב והתחיל לדבר כמעט בלחש. "אני לא כל כך טוב בספורט", הוא אמר. "וקובי היה מצוין בזה, אחד הטובים בכיתה. בסוף שיעור ההתעמלות בשבוע שעבר היינו אמורים להתחלק לקבוצות ולשחק כדורעף. קובי היה אחד מראשי הקבוצות, והוא יכול לבחור ראשון. אותי תמיד בחרו אחרון. והפעם קובי בחר בי".

קובי אהב לנצח. הוא היה האדם התחרותי ביותר שאני מכיר. אבל קובי בחר דווקא את הילד שאף אחד אחר לא רצה שיהיה בקבוצה שלו.

כשרק הגענו לישראל, לא היו לקובי חברים. הוא לא ידע עברית. הוא היה זר, מין יורם כזה, למרות שבסילבר ספרינג היה פופולרי מאוד בכיתה. הוא הכיר את תחושת ההשפלה של חברו לכיתה, והוא הצליח לראות את מה שחשוב באמת.

וסת' הוסיף:

מתישהו בעשרים וארבע השעות הקרובות תהיה לכם הזדמנות לעשות את הדבר הנכון. חשבו על קובי ועל החסד שעשה, ובחרו נכון.

בסוף אותה הרצאה ניגש אל סת' תלמיד תיכון ואמר:

אני מייקל. לא באתי לשמוע את ההרצאה שלך, אלא לשחק כדורסל. אבל הצצתי פנימה ושמעתי אותך מספר את הסיפור על קובי והכדורעף. אני כמו קובי, אחד השחקנים המצטיינים בכיתה. והסיפור שסיפרת ממש מצא חן בעיניי. החלטתי שבפעם הבאה שאהיה ראש קבוצה, אבחר בצורה שונה.

סת' עלה למטוס, חזר מטורונטו, ולא ציפה לשמוע שוב ממייקל. אבל כעבור ימים אחדים הגיע אימייל ממנו:

> הרב מנדל, אני לא בטוח שאתה זוכר אותי, אבל אני התלמיד שניגש אליך אחרי ההרצאה בתיכון. למחרת בשיעור ההתעמלות הייתי ראש קבוצה. בחרתי את הילד הכי גרוע לקבוצת הכדורסל שלי. הפנים שלו נדלקו. וכשראיתי כמה הוא מאושר, בחרתי את השחקן השני הכי גרוע. גם הוא חייך כמו משוגע. אז בחרתי את השלישי הכי גרוע בספורט בכיתה. הייתה לי קבוצה של השחקנים הכי גרועים. באותו יום היה לנו סבב שלם של תחרויות. ואני לא יודע איך עשינו את זה, באמת שלא, אבל ניצחנו בטורניר – ניצחנו בכל משחק. היית צריך לראות איך הילדים האלה חייכו. החיוכים שלהם יכלו להאיר את העולם. הם התרגשו כל כך. מעולם לא הייתי מאושר כמו באותו רגע.

אני מניחה שמייקל, באמצעות הבחירה באותם ילדים, עזר לתקן משהו קטן בעולם, את תחושת הערך העצמי השברירית של אותם ילדים. ייתכן שגם תפיסת התחרות השתנתה אצלו. הילדים האלה זכו לניצחון יפה מפני שבעלי סיפר את סיפורנו.

בעלי ואני הקמנו את קרן קובי מנדל ב־2001, מפני שהבנו מילדינו

שילדים זקוקים למרחב ולזמן משלהם כדי לשתף אחרים בכאבם ובשמחתם. ילדינו סבלו אחרי מותו של קובי כי לא היה להם אל מי לפנות. הם לא רצו להטריח אותנו כי ראו שאנחנו שבורים. הם לא רצו לזעוק אלינו. כמו כן, אֲבל אצל ילדים שונה מאבל של מבוגרים. ילדים יכולים לבכות ומיד אחר כך ללכת לשחק. אם הילדים אינם בוכים, ההורים – או ההורה הנותר – מניחים שהכול בסדר, אבל ילדים רבים נעשים הקורבנות השקטים של השכול. עד שהקמנו את מחנה קובי לא היה בנמצא שום מחנה לילדי השכול, ובארבע־עשרה השנים האחרונות עזרנו לאלפי ילדים. אחד מהם אמר לי: "חשבתי שאני היחיד בעולם". אנחנו מצליחים להקל את בדידותם של אותם ילדים ולאפשר להם לבטא את הסבל שהם מסתירים, וגם את השמחה.

אחרי שקיבלתם על עצמכם לבצע מיזם חשוב אחד, רבים הסיכויים שתחושת השליחות תמשיך לפעם בכם. תבינו שאינכם צריכים לעמוד מנגד אלא להתעמת עם העוול. בקיץ 2013 קבוצת אסירים עמדה להשתחרר כ"מחווה של רצון טוב" שנועדה להביא את הפלסטינים אל שולחן הדיונים. שבוע לפני כן, הרעיון שעוד טרוריסטים רוצחים ישוחררו, עורר בי זעם כה רב עד שנעשיתי אקטיביסטית וארגנתי בעצמי מחאה. עד אז לא עשיתי דבר כזה, והנה בן לילה ארגנתי קבוצה בפייסבוק. כמעט חמישים איש התכנסו מול משרד ראש הממשלה וביטאו את מורת רוחם ממדיניות הממשלה.

ארבעה חודשים לאחר מכן, הקמתי עם כמה אימהות שהשתתפו בתוכניות קרן קובי מנדל, קבוצה פוליטית בשם 'אימהות לנצח', שנועדה לפעול נגד שחרור רוצחים פלסטיניים. שירה אברהם ממייסדות הקבוצה הייתה עדה ב־2003, בהיותה בת 25, לרצח בתה היחידה אז, שקד בת השבעה חודשים, ולרצח שכנה אייל יברבראום בן ה־27. מחבל חמוש ברובה פרץ לביתה בערב ראש השנה ורצח את השניים. לימים נודע לשירה ולבעלה כי המחבל שוחרר חודשיים קודם לכן בעסקת חילופי אסירים. ארגנתי ביקור בכנסת, שבו דיברו עשרים הורים שכולים, אימהות ואבות, עם חברי כנסת ועם עיתונאים. הקבוצה ארגנה תפילה בקבר רחל. חודש אחר כך נפגשתי עם חברת הכנסת ציפי לבני ומחיתי בפניה על שחרור האסירים. אני, שהתביישתי לדבר עברית באולפן, נעשיתי פעילה למען מטרה שנראתה לי חשובה מאין כמוה.

כמעט כל מי שקבוצתנו דיברה איתו על המשימה שהצבנו לעצמנו, אמר לנו שהמהלך הזה לא יצליח, שהמדיניות הישראלית של שחרור אסירים לא תשתנה. אבל אנחנו החלטנו שאנחנו חייבות להשמיע את קולנו, תהא התוצאה אשר תהא. התעקשנו להשמיע קול. חילופי האסירים בוטלו.

אנשים רבים כל כך פונים לתקן את העולם בעקבות מות יקיריהם. ג'רי ולייני רוז, שבתם בת ה־28 מארני נפטרה מסרטן המוח,

הקימו את קרן ד"ר מארני רוז לחקר סרטן המוח אצל ילדים, ולתמיכה בחולי סרטן המוח ובמשפחותיהם. בעקבות המחקר שמומן על ידי הקרן כבר נרשם שיפור בשיעור ההישרדות של חולי סרטן המוח.

אבן מאסו הבונים

פעמים דווקא מה שפוגע בנו עשוי להיות הכלי להחלמתנו. בספר בראשית, אחרי שהנחש מפתה את חווה לאכול מפרי עץ הדעת טוב ורע, היא ואדם נענשים ומגורשים מגן עדן. הם תופרים לעצמם בגדים מעץ התאנה, ולא מעץ התפוח כפי שמקובל לחשוב, עץ הדעת. אותו עץ שהביא לנפילתם הוא האמצעי שיגן עליהם.

בפרשת חוקת קורה תהליך דומה: אלוהים שולח נחשים המכישים את בני ישראל במדבר כעונש על תלונותיהם האין־סופיות, במקרה זה על המן. אבל כשהעם חוזר בו ומשה מתפלל, אלוהים מצווה את משה לעשות נחש מנחושת ולשים אותו על נס, וכל מי שננשך וירים ראשו להביט בו – יירפא.

לפני כמה שנים, כשהייתי בחופשה ברודוס עם בתי בת השמונה־עשרה ועם חברתי שירה ובתה, חוויתי חוויה דומה, משהו שפגע בי הפך לכלי ריפוי בשבילי.

לפני שיצאנו ליוון, קראתי באינטרנט שחוף הים של המלון שבו עמדנו לשהות מלא סלעים חדים ואי אפשר ליהנות שם. בכל זאת, בבוקר הראשון שלנו במלון שירה ואני יצאנו לטייל על החוף והחלטנו לשכב על הסלעים החמים. שירה מעסה מקצועית, והיא החליטה לנסות לעבוד עם האבנים החמות ולראות אם תוכל להשתמש בהן בעבודתה. אני שכבתי בכיסא הנוח והסכמתי שתערוך עליי את הניסוי. העיסוי באבנים החמות היה יוצא מן הכלל.

העובדה שיכולתי ליהנות מעיסוי באבנים חמות הייתה מפתיעה. בני נסקל למוות באבנים, ואבנים אינן נמצאות בראש רשימת הדברים החביבים עליי.

הופתעתי גם שאני מסוגלת ליהנות מחופשה. שנים אחרי הרצח של קובי, כל זמן פנוי מפעילות היה ממלא אותי חששות, מפני שמחשבות טראומטיות, מכוערות, אלימות, על רציחתו היו פולשות לראשי. לא יכולתי עוד לחוש שלווה או נינוחות. והינה מצאתי את עצמי על הסלעים החמים, והרגשתי נינוחה ושלווה.

שבועות אחדים לאחר אותה נסיעה סיפרתי את הסיפור על האבנים החמות לקבוצת תלמידות תיכון במחנה קובי. סיפרתי שלמדתי מהניסיון הזה שאפשר לקחת משהו קשה ולמצוא דרך להפוך אותו למשהו טוב. אין פירוש הדבר שהפגיעה נעלמה.

ביהדות אנחנו למדים שכל מה שהקב"ה עושה הוא לטובה, אבל כשהטרגדיה פוגעת בנו, כמעט שאיננו מסוגלים לראות את הטוב הזה. אנחנו חשים רק את הכאב.

הנערות הביטו בי ואחת מהן, שאחיה נרצח בפיצוץ אוטובוס, אמרה: "את יודעת, באבנים יש לפעמים גם אור. אפשר לשפשף שני מקלות ולהדליק אש, אבל באבן צור יש גם ניצוץ".

בספר תהילים נאמר, "אֶבֶן מָאֲסוּ הַבּוֹנִים הָיְתָה לְרֹאשׁ פִּנָּה" (תהילים קיח, כב). לפעמים דווקא הדבר שמפניו אנחנו חוששים יותר מכול, הדבר הקשה ביותר, עשוי להיות המקום שבו נוכל לבנות ולתקן. בקבלה נאמר שבכל דבר קיים הניצוץ האלוהי, ומשימתנו בעולם הזה היא לאסוף את הניצוצות הללו, גם במקומות הקשים ביותר, ולהאיר בעזרתם את העולם. כשאנחנו מצליחים לגלות את הקדושה הטמונה בחשכת כאבנו, אנחנו חווים את העוצמה ואת הזוהר של החוסן.

שאלות

- איך אתם תופסים את המושג קודש?
- האם אתם יכולים לראות את הקב"ה אפילו בעיצומו של הכאב?
- האם שליחותכם בחיים השתנתה? האם מצאתם ייעוד מקודש? תכלית?

- מאילו בחינות צמחתם בעקבות האובדן שחוויתם?
- מהי התפילה האישית שלכם לתיקון חלקכם בעולם?

אפילוג

חגיגה

מקומות יראה נראים תמיד לאנשים מקומות רציניים, חגיגיים, שממלאים את הלב בחרדת קודש. אלא שבכל מקום שבו יש אלוהים יש שמחה.

הרבי מלובביץ'

לקראת סוף ריאיון אחד ברדיו שאלה אותי המראיינת: "אני מבינה שאחרי האובדן שחווית הצלחת למצוא מחדש את החיים הרגילים. האומנם?" חשבתי על כך והשבתי, "לא, אינני חושבת כך. הרגיל אין בו די. צריך למצוא יוצא־מן־הכלל חדש".

חוסן אינו חזרה לרגיל חדש, אלא תחושה מועצמת של החיים, של מעורבות והתרחבות, מודעות והשגת היוצא מן הכלל, או כפי שמנסח זאת דוד המלך, "בַּצָּר הִרְחַבְתָּ לִּי" (תהילים ד, ב): הייתי במצר, ואתה הרחבת אותי. חוויתי את הסבל הזה והתרחבתי יחד איתו.

אנחנו, שסבלנו וצמחנו ושגשגנו, עשויים לחוש תחושת שמחה מפתיעה. אילו ביקרתם במחנה קובי הייתם רואים שכאשר ילדים יתומים שמחים, שמחתם גדולה יותר משמחתם של ילדים אחרים. אחת המדריכות בחרה לתאר את מחנה קובי, בצורה

מפתיעה אולי, כמקום השמח ביותר שהייתה בו, כגן עדן עלי אדמות.

ההתעלות מעל הכאב, הפיכתו למשימה, לייעוד, העניקה לנו חוויה של פריצת דרך אדירה. איננו מתכחשים לעצב שלנו, הוא יהיה נוכח איתנו תמיד, אבל תחושת השמחה התרחבה. אנחנו יודעים שבחתונות ובחגיגות בר מצווה נבכה, אבל גם נצחק. והצחוק יהיה גדול יותר, אמיתי יותר, כי אצל מי שידע עצב גדול, מנעד הרגשות עשוי להתרחב, ובהתרחבות הזאת קיימת חגיגה וקיימת שמחה.

לחוש בנוכחות הקב"ה

בזמן מתן תורה בהר סיני קיבל כל אדם את התורה בהתאם ליכולתו לשאת את קולו של הקב"ה. כל העם "ראו" את הקולות: "וְכָל הָעָם רֹאִים אֶת הַקּוֹלֹת וְאֶת הַלַּפִּידִם וְאֵת קוֹל הַשֹּׁפָר, וְאֶת הָהָר עָשֵׁן" (שמות כ, יד). לא את הקול, אלא את הקולות. והמדרש מסביר:

> אמר ר' יוסי בר' חנינא: ולפי כוחן של כל אחד ואחד היה הדיבר מדבר עמו. ואל תתמה על הדבר הזה, שהיה המן יורד לישראל כל אחד ואחד היה טועמו לפי כוחו [כדי שלא יינזק – ש"מ]... ומה אם המן כל אחד ואחד לפי כוחן

היה טועם לפיו, בדיבר כל אחד ואחד שומע לפי כוחן. אמר דוד "קול ה' בכח" (תהלים כט, ד), קול ה' בכוחו אין כתיב, אלא קול ה' בכח, של כל אחד ואחד.

(פסיקתא דרב כהנא יב, כה)

העם שמע את קולו של הקב"ה איש איש כפי יכולת הקליטה שלו. אנחנו, שחווינו סבל, עשויים אולי לחוות יכולת מועצמת לראות ולשמוע ולהכיר את הקב"ה לא רק בסבלנו אלא גם בברכה היום־יומית של חיינו. רק אחרי שיעקב בורח מפני אחיו עשו המאיים להורגו, הוא נוכח כי "אָכֵן יֵשׁ ה' בַּמָּקוֹם הַזֶּה וְאָנֹכִי לֹא יָדָעְתִּי" (בראשית כח, טז). בחניית הלילה בדרכו הוא רואה בחלומו סולם מוצב ארצה וראשו מגיע השמימה ומלאכי אלוהים עולים ויורדים בו. הא־ל עצמו מתגלה אליו ואומר: "וְהִנֵּה אָנֹכִי עִמָּךְ" (שם כח, טז).

בספרו "אלוהים מבקש את האדם", אומר אברהם יהושע השל: "כל רגע ורגע מעיד על בואו הסמוי [של הקב"ה] ועל תפקידו של האדם להיות נוכח". תוהו בארמית פירושו "מדוע?". עם הקפיצה אל תוך המסתורין הגדול של המוות, של המשמעות ושל החושך, אנחנו מתחזקים ולומדים לשאול שאלות עמוקות, להשתנות, להתרחב, לבטא את מה שהמתין עד אז במסתרים.

אנחנו חווים את הנוכחות האלוהית במובן רחב יותר, הן בעצב

הן בשמחה. אנחנו יודעים שהתוהו, הכאוס, הייאוש והבלבול שחווינו אינם רק חידלון ואַיִן. לא ההיעדר אלא הנוכחות של הקב"ה, מרחב עצום שאליו נדחפנו בעל כורחנו, טולטלנו והומרצנו לפתח את היכולות הגנוזות בנו, ליצור ולבנות, לגלות את ייעודנו, לחשל את זהותנו ולתקן את העולם.

בנביטה ובהתפתחות הזאת, בפריחה הזאת, טמונה שמחה.

אנושיות, פגיעות, שמחה

אנחנו חווים שמחה לא רק בהתרחבות אלא גם בהשגת טבעו האמיתי של הקיום. חג הסוכות, למשל, הוא חג של שמחה שבו אנחנו משיגים גם את עובדת היותנו פגיעים. במהלך שבוע החג אנחנו בונים מעונות ארעי, כפי שעשו בני ישראל במסעם במדבר. חג הסוכות מכונה "זמן שמחתנו".

אנחנו אוכלים וישנים בסוכות בעלות שלושה קירות, שגגותיהן פתוחים אל הכוכבים. חג הסוכות מלמד אותנו שחיינו עלי אדמות הם עניין ארעי ורעוע. כשאנחנו חיים בחוץ, אנחנו מותירים מאחור לא רק את הנוחות אלא גם את תחושת הקביעות. אי אפשר לנעול את הסוכה ואנו חשופים בה לשמש, לגשם, לרוחות, לבעלי החיים.

עם זאת, השהייה בסוכה מזמנת שמחה גדולה. אנחנו יוצאים

מהשגרה, מהבית, נחשפים. הזוהר מכנה את הסוכה "צִלָא דמהימנותא" (צל האמונה, זוהר קג ע"א). אלה מאיתנו שמכירים את האובדן מקרוב יודעים שאנחנו פגיעים, אבל גם שהתמזל מזלנו להבין את מצבנו האנושי האמיתי, את שפלותנו ואת ארעיותנו. חג הסוכות מלמד אותנו שהעולם כולו כמוהו כסוכה, בעוד שהעולם הבא הוא עולם הנצח.

שיר השמחה

אני קוראת בתהילים (קכו, ה) שורה המנוסחת בלשון רבים: "הַזֹּרְעִים בְּדִמְעָה בְּרִנָּה יִקְצֹרוּ", ופתאום אני מבינה, אי אפשר לעשות זאת לבד. איננו אמורים להיות לבד. אנחנו כאן כדי לתמוך ולעזור, ללמד ולרפא זה את זה, והקב"ה איתנו. כאבנו הוא חלק מהווייתנו האנושית – כל אחד מאיתנו יאבד בהכרח את יקיריו. הכאב הוא גם חלק מרצונו של הקב"ה שנגדל ונתרחב, חלק משאיפתו שהאנושות תנהג באהבה, בחסד ובצדק.

כשאנחנו נרתמים למשימה לתקן את העולם הזה, כשיש לנו האמונה והאומץ להמשיך לזרוע יחד בעיצומו של הכאב, מובטח לנו שנתברך בשמחה גדולה, שמחה שתמצא את ביטויה בשיר משותף. זעקת הכאב ללא מילים שבה התחלנו, תהפוך לתפילה ואחר כך לשבח ולהלל.

הרב אברהם יצחק הכהן קוק, הרב הראשי הראשון בארץ ישראל, כותב:

> יש שהוא שר **שירת נפשו**, ובנפשו הוא מוצא את הכל, את מלא הסיפוק הרוחני במילואו... ויש אשר עוד תתרחב נפשו עד שיוצא ומתפשט מעל גבול ישראל, לשיר את **שירת האדם**... ויש אשר עוד מזה למעלה ברוחב יתנשא עד ש**מתאחד עם כל היקום כולו**, עם כל הבריות, ועם כל העולמים, ועם כולם אומר שירה.[4]

איננו כלואים עוד בסבל, במקום הצר של האני, של התודעה הצרה, של המודעות המוגבלת. ראייתנו התרחבה ואנחנו יכולים להזדהות עם כל ברואי עולם, לגדול ולהתרחב. איננו מתכחשים לסבל, אלא עוזרים להקל את פגיעתו. איננו מתעלמים מכאבו של הזולת, אלא מציעים לו חמלה. אנו עוזרים לאחרים לגלות את שליחותם האלוהית, את חלקם בתיקון העולם. אנחנו יודעים שאנחנו חלק ממקהלה שמימית מתמדת, שבה כל אדם מסייע לזולתו להרים את קולו, עד שתיווצר מנגינה אחת גדולה והרמונית. או אז שירו של כל אדם ואדם יישמע העשיר ביותר, האמיתי ביותר, החיוני ביותר.

4 אורות הקודש תמד.

המילה 'ישראל' יוצרת בשיכול אותיות גם את המילים 'שיר אל'. מליבו של הכאב יכולנו לגלות את האומנות הרוחנית שהיא־היא החוסן. חיינו הם מעתה שיר לא־ל.

שאלות

- איזו שמחה חשתם במשפחת המוצא שלכם?
- איך נהגה משפחתכם לחגוג כשהייתם ילדים? איך אתם חוגגים עתה?
- מה אתם חוגגים עתה בחייכם?
- איזו חגיגה הייתם שמחים ליצור בחייכם?
- איך אתם חווים תחושת התרחבות?
- איזה סוג של פריצת דרך חוויתם בחייכם?
- איך המרתם את העצב לשיר?
- מהי התפילה הפרטית שלכם לשמחה?

ביבליוגרפיה

א' אפלפלד, **סיפור חיים**, ירושלים 1999.

מ' בובר, **אור הגנוז: סיפורי חסידים**, ירושלים ותל אביב 1957.

י' זקס, **לרפא עולם שבור**, ירושלים 2010.

י"ח ירושלמי, **זכור: היסטוריה יהודית וזיכרון יהודי**, תל אביב 1988.

ע' לוינס, **תשע קריאות תלמודיות**, ירושלים ותל אביב 2001.

א' סאקס, **אנתרופולוג על המאדים: שבעה סיפורים פרדוקסליים**, תל אביב 1996.

הרב י"ד סולוביצ'יק, **מן הסערה: על אבלות, ייסורים והמצב האנושי**, תל אביב 2009.

ס' סטוסל, **עידן החרדה שלי: פחד, תקווה והחיפוש אחר שלוות נפש**, תל אביב 2015.

א' פרום, **אמנות האהבה**, תל אביב 1966.

ח' פרסבורגר, **יומנו של פטר גינז 1941–1942**, אור יהודה 2008.

הרב א"י הכהן קוק, **אורות התשובה**, ירושלים 2016.

ח' קרמר, **לעבור את הגשר הצר – מדריך מעשי לתורתו של ר' נחמן מברסלב**, ירושלים 1989.

ר"מ רילקה, **מכתבים אל משורר צעיר**, ירושלים 2004.

Buber, Martin. *Ten Rungs: Collected Hasidic Sayings*. New York: Schocken Press, 1947.

Des Pres, Terrence. *The Survivor: An Anatomy of Life in the Death Camps*. New York: Oxford University Press, 1976.

Diehl, Manfred, and Elizabeth L. Hay. "Risk and Resilience Factors in Coping with Daily Stress in Adulthood: The Role of Age, Self-Concept Incoherence, and Personal Control." *Developmental Psychology*. September 2010: 46.

Dobbs, David. "A New Focus on the Post in Post-Traumatic Stress." *The New York Times*, December 25, 2013.

Dykstra, Robert. *Images of Pastoral Care: Classic Readings*. St. Louis: Chalice Press, 2005.

Feiler, Bruce. "The Stories that Bind Us Help Children Face Challenges." *The New York Times*, March 17, 2013.

Heschel, Abraham J. *Between God and Man: An Interpretation of Judaism*. New York: Simon & Schuster, 1959.

Hollander Goldfein, Bea, Jennifer Goldenberg, and Nancy Isserman. *Transcending Trauma: Survival, Resilience, and Clinical Implications*. New York: Routledge, 2011.

Hyde, Lewis. *The Gift*. New York: Vintage Books, 2007.

Klein, Gerda Weissmann. *All But My Life*. New York: Hill and Wang, 1957.

Seligman, Martin. *Flourish: A Visionary New Understanding of Happiness and Well-being*. New York: The Free Press, 2012.

Stern, Esther. *Just One Word*. Jerusalem: Feldheim, 2005.

Zornberg, Avivah Gottlieb. *The Beginning of Desire: Reflections on Genesis*. New York: Doubleday, 1996.

_____The *Murmuring Deep: Reflections on the Biblical Unconscious*. New York: Schocken, 2009.

בספר מופיעים השירים הבאים:

עמ' 27 גשם של בית קברות / זלדה

עמ' 31 רקמה אנושית אחת / מוטי המר

אנו מודים לכל היוצרים שהביעו את הסכמתם לשימוש ביצירתם. המערכת עשתה ככל יכולתה על מנת לאתר את בעלי הזכויות של כל החומר שנלקח ממקורות חיצוניים. אנו מתנצלים על כל השמטה או טעות, ואם יובאו לידיעתנו, נפעל לתקן במהדורות הבאות.